Sylvia Eisenmenger

Aushalten ist auch keine Lösung

Männer erzählen

People may forget what you said, may even forget what you did. But they will never forget how you made them feel. (Maya Angelou)

(Die Menschen mögen vergessen, was du gesagt hast, sie mögen sogar vergessen, was du getan hast. Aber sie werden niemals vergessen, welches Gefühl du ihnen vermittelt hast.)

Sylvia Eisenmenger

Aushalten
ist auch keine Lösung

Männer erzählen

Bibliografische Information der Deutschen Nationalbibliothek
Die Deutsche Nationalbibliothek verzeichnet diese Publikation in der Deutschen Nationalbibliografie; detaillierte bibliografische Daten sind im Internet über http://dnb.d-nb.de abrufbar.

Impressum
Copyright 2011 by Sylvia Eisenmenger
1. Auflage

Herstellung und Verlag:
Books on Demand GmbH, Norderstedt
Titelfoto: Sylvia Eisenmenger

ISBN-13: 978-3-842-34740-3

Inhalt

Vorwort

Seit der Veröffentlichung meines ersten Buches mit dem Titel „Geschieden, weil ich es mir wert bin" hat sich mein Leben und Arbeiten grundlegend geändert. Inzwischen bereise ich ganz Deutschland, um Lesungen oder Vorträge abzuhalten. Über den Erfolg bin ich begeistert und gleichzeitig verblüfft. Seit mein Buch in den großen Frauenzeitschriften empfohlen wurde, erhalte ich fast täglich Emails von Frauen aus ganz Deutschland. Für die Frauenzeitschrift tina beantworte ich regelmäßig Leserfragen zum Thema Ehe und Beziehung. Alles ist total spannend und interessant. Trotz dieser umfangreichen Arbeit sitze ich nun – nicht einmal ein Jahr nach der Veröffentlichung meines ersten Buches – wieder am Schreibtisch und trommle die Buchstaben zu meinem nächsten Buch in meinen Laptop.

Im Laufe des vergangenen Jahres habe ich vor allem bei den Lesungen und Seminaren sehr interessante Menschen kennen gelernt, die sich in sehr verzwickten Beziehungen befinden. Es ergaben sich viele tiefe und lange Gespräche und eines Tages vor wenigen Wochen entschloss ich mich, diese Geschichten ebenfalls zu einem Buch zusammen zu fassen. Ganz besonders deshalb, weil zum einen meine Leserinnen sich oft nach einer Lesung mit den Worten verabschiedeten:

„Jetzt warte ich auf Ihr nächstes Buch"

und zum anderen etliche meiner Bekannten nach der Lektüre meinten:

„Meine Geschichte hättest du auch haben können."

Diese Begeisterung, dieses Lob, diese Anerkennung meiner Arbeit motivieren mich ungemein und werden wieder für kurzweiligen, interessanten und oft auch nachdenklichen Lesestoff sorgen.

Auch in diesem Buch kommen Menschen zu Wort, die ich alle persönlich kennen lernen durfte und die mir voll Vertrauen ihre ganz persönliche Geschichte erzählt haben.

Ich habe das Glück, durch meine Arbeit als Dozentin in der Erwachsenenbildung und durch meine Lesereisen und Vorträge, Menschen aus allen Regionen Deutschlands zu treffen. So ist eine Vielfalt an Charakteren und Mentalitäten gewährleistet.

Selbstverständlich habe ich alle Namen und Äußerlichkeiten meiner Protagonisten verändert, so dass der Schutz der Anonymität gegeben ist. Alle Personen, die in meinem Buch vorkommen, haben ihre Geschichte gelesen und der Veröffentlichung in dieser Art zugestimmt.

Für einen Neuanfang ist es nie zu spät

Wir alle wünschen uns tief in unseren Herzen lebenslange und glückliche Beziehungen, die unser Leben bereichern und erfüllen. Wenigen ist dies vergönnt. Es gibt zahlreiche Ratgeber, wie man seine Partnerschaft retten kann und ich freue mich sehr, wenn das bei dem einen oder anderen Paar tatsächlich gelingt. Meine Aufgabe sehe ich allerdings darin, dort Mut zu machen, wo das Ende einer Beziehung absehbar ist, die Partnerschaft vielleicht schon zerbrochen ist oder die Ehe unter extremen Bedingungen aufrecht erhalten wird. Ich bin immer wieder sehr berührt, wie offen und ehrlich die Menschen sich mir anvertrauen und möchte mit diesem Buch dieses Vertrauen ehren.

Denn es ist ein Irrglaube, wenn wir annehmen, dass das, was wir sehen, den uneingeschränkten Tatsachen entspricht. Selten haben wir einen wahrheitsgemäßen Einblick in die Beziehungen unserer Freunde, Nachbarn oder Bekannten. Was wir zu sehen bekommen, ist Fassade. Das was sie uns sehen lassen wollen. So wie sie sich nach außen präsentieren wollen. Und wir tun das nicht anders, oder? Mit der Wahrheit hat das selten etwas zu tun. Deshalb bin ich stolz und dankbar, dass ich Ihnen mit diesem Buch Einblicke in das ganz normale Beziehungsleben gewähren kann. Sie dürfen hinter die Fassaden blicken, hinter den Kulissen lauschen, Geheimnisse erfahren, die nicht einmal die nächsten Angehörigen oder besten Freunde wissen.

Es ist erschreckend, wie wenig Liebe, Verständnis, Miteinander, Leidenschaft und Treue sich in den Beziehungen unserer Mitmenschen findet. Trotzdem arrangieren sich die meisten Paare, wenn die Luft raus ist aus der Partnerschaft, der Lack abgeblättert wie bei einer rostigen Karre.

Kommt es doch zur unvermeidlichen Trennung, so geht diese in den meisten Fällen von der Frau aus. Oft jedoch erst nach vielen Jahren Ehe, wenn die Kinder erwachsen und aus dem Haus sind, das schmucke Häuschen abbezahlt ist und dann plötzlich das untrügliche Gefühl wie ein Sturm aufkommt:

„Das kann doch nicht alles gewesen sein im Leben."

Männer finden sich eher mit einer langweiligen, lauwarmen und lieblosen Partnerschaft ab. Für sie steht die Bequemlichkeit im Vordergrund, vielleicht auch, dass sie eine gänzlich andere Wahrnehmung als Frauen haben und alles „nicht so schlimm" finden. Sie sind nicht selten völlig überrascht, wenn ihre Frau das Thema Trennung und Scheidung anspricht und ich habe keinen einzigen Mann getroffen, der nicht sofort einen Nebenbuhler vermutet hätte. Dass es einfach an einer unbefriedigenden Beziehung liegen kann, das verstehen wohl die wenigsten Männer.

Fast jede Beziehung muss diverse Krisen bewältigen, um zu dem heranzureifen, was die Bezeichnung „Beziehung" verdient. Ich setze in diesem Buch die Ausdrücke Beziehung, Ehe und Partnerschaft gleich, da ich der Ansicht bin, dass mein Thema alle gleichermaßen betrifft, unabhängig davon, ob man auf dem Papier verheiratet ist oder nicht. Die meisten von uns denken in einer langjährigen Beziehung hin und wieder an Trennung. Ganz viele von uns denken jedoch tagtäglich daran, Tag für Tag. Sie leben für diesen Augenblick, in dem sie die Lösung ihrer Probleme endlich in Angriff nehmen werden, in dem sie die Kraft haben, den unsäglichen Qualen ein Ende zu setzen. Sie hoffen, doch noch einmal die Träume von liebevoller Partnerschaft, sexueller Erfüllung und harmonischen Gesprächen wahr werden zu lassen. Sie sehnen sich verzweifelt nach Achtung und Respekt, inniger Liebe, tiefer fürsorglicher Bindung, uneingeschränktem Angenommensein, bedingungsloser Nähe und Zuneigung.

Wenn Sie selbst zu diesen Menschen gehören, werden Sie beim Lesen dieses Buches feststellen, dass Sie dieses Schicksal mit vielen anderen teilen. Sie werden bei mancher Geschichte denken: „Das könnte ich sein." „So ähnlich ergeht es mir auch."

Wir kennen das fast alle: Wir haben einen miesen Tag, fühlen uns schlecht, vielleicht hatten wir Streit mit unserem Partner oder uns über etwas furchtbar geärgert und um uns herum sehen wir nur glückliche und liebevolle Paare. Neidisch schauen wir uns um; möchten am liebsten mit all unseren Sorgen und Nöten in einen Gulli entschwinden, um diesem allgegenwärtigen Glück auszuweichen, das für uns selbst Lichtjahre entfernt scheint. Doch keine Sorge, Sie werden genau wie ich feststellen: die anderen sind auch nicht glücklicher. Sie haben ähnliche Probleme, früher oder später. Nur reden sie in der Regel nicht darüber. Es ist schließlich noch immer verpönt, über den eigenen Partner etwas Negatives zu äußern. Zumindest nach außen muss Loyalität und Zusammengehörigkeit demonstriert werden. Unser oft übersteigertes Harmoniebedürfnis erlaubt uns nicht, Unzufriedenheit, Wut oder gar Intimes preiszugeben. Fleißig arbeiten wir tagtäglich an unseren Vorzeigebeziehungen, so wie wir sie in frühester Kindheit abgespeichert haben. Da trifft die schöne Prinzessin nach einigen Umwegen auf ihren verwunschenen Prinzen und lebt glückselig bis ans Ende ihrer Tage. Da wird das Aschenputtel aus seinem tragischen Dasein von ihrem Helden erlöst und alles ist nur noch eitel Sonnenschein. Verbissen halten wir in unserem Denken selbst als Erwachsene an solchen Märchen fest. Es sind Märchen! Mit der Realität, in der wir leben müssen, hat das nichts zu tun.

Die Frauen und Männer in diesem Buch tun das nicht mehr. Sie erzählen ohne Scham und voller Offenheit aus ihrem Beziehungsalltag. In manchen Situationen werden wir uns wiedererkennen, in anderen werden wir uns wundern: „So etwas gibt es tatsächlich." Oder wir empfinden eine gewisse Dankbarkeit, dass uns so etwas nie passiert ist.

Vielleicht lesen Sie dieses Buch zufällig und zur reinen Unterhaltung. Dann werden Sie auf spannende Weise etliches über den deutschen Beziehungsalltag erfahren, dürfen Lustiges, Nachdenkliches, Kurioses und Tragisches miterleben. In diesem Fall wünsche ich Ihnen gute Unterhaltung.

In allen anderen Fällen wünsche ich Ihnen den Mut, sich die eigene Lage bewusst zu machen, kluge Entscheidungen zu treffen und wenn nötig neu durchzustarten.

Ganz nach meinem Motto:

Aushalten ist auch keine Lösung.

Die Wahrheit ist das, was wir wahrnehmen

Mit diesem Buch möchte ich Fälle unterschiedlichster Art aufzeigen, wie sie Frauen und Männer erlebt haben. Was ich nicht möchte, ist bewerten und urteilen.

Deshalb kommen Menschen zu Wort, die sehr viel erdulden mussten, genauso wie solche, die sehr leichtsinnig andere schwer verletzt haben. Sie alle haben ihre Geschichte, ihre tiefen Beweggründe, ob bewusst oder unbewusst, ob moralisch vertretbar oder nicht. Darüber mögen Sie sich Ihre eigenen Gedanken machen.

Gibt es denn die eine reine Wahrheit? Ganz sicher nicht. Jeder von uns sieht und hört etwas vollkommen anderes, obwohl wir dasselbe Bild betrachten oder dieselbe Nachricht empfangen. Wir interpretieren in jede Aussage eines anderen unsere eigenen Empfindungen und Erfahrungen mit hinein. Das geschieht ganz unbewusst und ohne böse Absicht. Aber es zeigt uns auch: jeder hat seine eigene Wahrheit. Aus diesem Grund kann jede Geschichte in diesem Buch immer nur die Wahrheit der erzählenden Person sein.

Ich möchte dieses Phänomen an einem Beispiel erläutern:

Mein Mann hat die Angewohnheit hin und wieder bei Tisch zu fragen: „Wie heißt denn dieses Gericht?"

Nun liegt nicht etwa etwas Exotisches auf seinem Teller. Ganz im Gegenteil. Es ist leicht zu erkennen, dass es sich zum Beispiel um Reis, Gemüse und Fleisch handelt.

Am Anfang hörte ich mit meinem empfindlichen Ohr sofort: „Was soll das denn sein? Kann man das etwa essen?" Ich habe mich natürlich darüber geärgert, weil ich meine Kochkünste nicht gewürdigt sah. Konnte ich etwas dafür, dass das ihm bekannte Repertoire an Mahlzeiten doch recht begrenzt war? Sollte ich Schuld sein, dass seine Geschmacksnerven Fisch und Fleisch nicht unterscheiden können?

Ich war versucht zu antworten: „Wenn es dir woanders besser schmeckt, dann iss doch dort."

Meine Wahrheit wäre also gewesen: er zweifelt an meinen Kochkünsten oder ihm schmeckt es nicht. Ich habe ganz entgegen meinem Temperament anders reagiert und tue dies noch heute: ich erkläre im in aller Seelenruhe, was da auf seinem Teller liegt und wenn es einen Namen hat, nenne ich diesen noch zusätzlich. Ich bin damals einfach davon ausgegangen, dass er nicht aus Bosheit fragt, sondern weil er sich über das Essen unterhalten möchte. Und was Besseres fiel ihm eben nicht ein.

Im Nachhinein haben wir natürlich darüber gesprochen und es verhielt sich tatsächlich so, dass es eine Art

Lob sein sollte, um die Abwechslung bei der Zubereitung der Mahlzeiten zu würdigen.

Sie können sich leicht selbst ausmalen, welche Varianten an Wahrheit bei diesem Beispiel möglich sind, wenn wir verschiedene Reaktionen durchspielen würden.

Konrad

Über Vergangenes mach dir keine Sorge, dem Kommenden wende dich zu. (Tseng-Kuang)

Als Konrad dreizehn Jahre alt war, wurde die Ehe seiner Eltern geschieden. Am Anfang lebte er bei seiner Mutter, nach zwei Jahren wurde er zum Vater abgeschoben, wie er es ausdrückt. Beide Eltern haben wieder geheiratet und Konrad lebte jeweils mit einem Stiefelternteil. Während seiner Ausbildung im Einzelhandel wohnt er bei seiner Großmutter. Schon mit siebzehn Jahren zieht er in seine erste eigene Wohnung. Da er sehr schüchtern ist, findet er keine Freunde geschweige denn eine Freundin.

Als er zur Bundeswehr eingezogen wird, verpflichtet er sich für zwei Jahre und bleibt auch während der Wochenenden in der Kaserne, da er ja draußen niemanden hat, der auf ihn wartet. Seine Großmutter war inzwischen gestorben und zu den Elternteilen, die mit neuen Partnern lebten, wollte er nicht. Seine Kameraden merkten bald, was diesem unsicheren Jungen fehlte und fotografierten ihn, um sein Bild in der Jugendzeitschrift „Bravo" unter Bekanntschaften einzustellen. Aus allen Teilen Deutschlands kam nun Post für den schüchternen jungen Mann, auch aus dem Ort, an dem er stationiert war. Da Konrad kein Auto besaß, bevorzugte er diesen Brief und schrieb ein paar Mal hin und her bevor er sich mit dem Mädchen verabredete.

Es war eigentlich nicht möglich, sie vom Foto her zu erkennen. Klein, unscheinbar und hochschwanger stand sie am vereinbarten Platz. Da ich sie hinter dieser Person nicht vermutete, sprach sie mich an:

„Konrad, geh' bitte nicht an mir vorbei." Ich war so sehr berührt, dass ich das Mädchen ins nächste Café einlud. Sie nahm mich dann mit nach Hause und dort haben wir uns weiter unterhalten. Vom Vater ihres Kindes wollte sie mir bei späterer Gelegenheit erzählen. Tatsächlich ist es nie dazu gekommen. Das war natürlich nicht nur ihre Schuld, denn ich habe wohl auch nicht ernsthaft nachgehakt.

Sarah war mir auf Anhieb sympathisch und wir waren uns recht bald einig, dass wir zusammen bleiben wollten. Es dauerte nicht lange, bis wir beschlossen zu heiraten, denn das Kind sollte meinen Namen erhalten. Eile war angesagt.

Eine große Motivation für mich war auch die Tatsache, dass ich als Verheirateter nicht mehr in der Kaserne wohnen musste. Ich konnte bei meiner Familie leben und ging morgens ganz normal aus dem Haus wie zu einer Arbeitsstelle, um abends wieder heimzukehren. Wir heirateten an einem Freitag, ganz genau zwanzig Tage nach unserem ersten Date.

In der Nacht zum Sonntag – 36 Stunden nach unserer Eheschließung – wurde Björn als eheliches Kind geboren.

Unsere Ehe entwickelte sich allerdings für mich zu einem Albtraum. Meine Frau verschob unsere Hochzeitsnacht erst wegen der Geburt, dann wegen Nachschmerzen, dann weil sie die Pille vergessen hatte – über drei Monate vergingen, ohne dass im Bett etwas passierte.

Nach ungefähr einem Ehejahr war meine Zeit bei der Bundeswehr vorbei und ich stand erst mal ohne Arbeit da. Das war für unsere junge und nicht sehr stabile Ehe schon eine große Belastung, denn meine Frau musste ja nun für mich mitarbeiten. Als Helfer bei einem unfreundlichen Käsebauern konnte ich dann zwar eine Stelle finden, aber schlug ich mich halt eben so durch. Nach knapp zwei Jahren Ehe wurde diese Situation zur Hölle – kein Spaß bei der Arbeit – kein Spaß zuhause. Wir stritten täglich.

Eines Tages schrieb ich meiner Mutter eine Geburtstagskarte, die ich in ein Briefkuvert steckte und adressierte. Verschlossen und fertig frankiert lag der Brief zur Absendung am nächsten Morgen auf dem Küchentisch.

Ich war schon im Bett, als Sarah kreischend vor Wut mit dem Brief ins Schlafzimmer stürmte:

„Du hast wohl Geheimnisse vor mir oder schreibst du schlecht über mich?"

Rot vor Zorn zerriss sie den Brief.

Ich sprang wie von der Tarantel gestochen aus dem Bett und habe ihr im Affekt das erste und einzige Mal eine Ohrfeige verpasst. Es tat mir sofort furchtbar leid.

Sarah rastete jedoch vollkommen aus, schnappte einen Koffer und warf meine Klamotten hinein.

„Verschwinde auf der Stelle. Sofort. Hau ab."

Ich lag schon wieder im Bett und sagte nur noch:

„Lass mich doch wenigstens noch diese Nacht hier bleiben."

Am nächsten Morgen hat sie mir die Schlüssel abgenommen und ich machte mich mit meinem Koffer auf den Weg zur Arbeit. Ich besaß ja nicht viel, es war kaum der Rede wert.

Unterwegs kam mir dann nichts anderes in den Sinn als: schön, dass endlich alles vorbei ist. Ich hatte mich ja während meiner Ehe nie glücklich gefühlt.

Fürs erste konnte ich ein Gästezimmer beim Käsebauern beziehen und hatte somit wenigstens ein Dach überm Kopf.

Nach wenigen Tagen erhielt ich ein Schreiben von Sarahs Anwalt und mir wurde mitgeteilt, dass sie die Scheidung eingereicht hätte und Unterhalt für sich und das Kind forderte.

Mir blieb nichts anderes übrig, als ebenfalls einen Anwalt einzuschalten, der mich dann über die mir völlig fremde Rechtslage aufklärte.

„Das tut mir leid, aber die Frist zur Anfechtung der Vaterschaft haben Sie nun verpasst, die beträgt zwei Jahre."

Sarah hatte das natürlich gewusst, weshalb sie genau nach zwei Jahren die Scheidung einreichte. Ich fühlte mich ganz schön verarscht. Es bestand ja nie ein Zweifel daran, dass Björn nicht mein leibliches Kind war. Trotzdem wurde ich nach zwei Jahren Ehe automatisch unterhaltspflichtig.

„Zum Wohle des Kindes" wie mir der Richter erläuterte.

Das war bei meinen bescheidenen Einkünften ein harter Brocken. Sarah wurde wegen der kurzen Ehedauer kein Unterhalt zugesprochen. Für Björn zahlte ich bis zu seinem 18. Geburtstag. Dann wurde ich wegen Arbeitslosigkeit zahlungsunfähig. Als Björn später studierte, wurde die Unterhaltsklage abgewiesen, da ich bis dahin keine Arbeitsstelle mehr gefunden hatte.

Ein Jahr nach der Scheidung lernte ich bei einer Umschulung meine zweite Frau Hanne kennen. Wir bekamen zwei Mädchen und als diese noch sehr klein waren, musste ich beruflich für einige Monate nach Berlin. Meine Frau und die Kinder blieben in Flensburg, ich fuhr alle zwei Wochen nach Hause.

Finanziell standen wir nicht gut da, denn ich musste ja immer noch für Björn Unterhalt leisten. So hatten sich etliche Schulden angesammelt, die sich mit meinem bescheidenen Lohn nicht vermeiden ließen. Also musste meine neue Familie ziemlich sparen.

Irgendwann habe auch ich den Halt verloren. Das bedeutete, zu den vorhandenen Schulden kamen neue hinzu. Meine zweite Frau hatte bald genug und ließ sich von mir scheiden. Allerdings kam es nie zu einem Zerwürfnis, wir sind immer noch gute Freunde. Die Mädchen sind inzwischen erwachsen und wir sehen uns selten aber regelmäßig.

Nach dieser Scheidung kam zu meiner Schüchternheit zusätzlich eine schwere Depression. Die schlechten Erfahrungen taten ein Übriges – ich habe seitdem nie mehr Kontakt zu einer Frau aufbauen können. Das sind mittlerweile 24 Jahre. Nach einem Arbeitsunfall wurde ich zudem noch schwerhörig und war nicht mehr auf dem Arbeitsmarkt zu vermitteln. Seit 2006 bin ich nun Frührentner mit wenig Aussicht auf ein glückliches und zufriedenes Leben. Irgendwie fühle ich mich immer noch sehr vom Schicksal benachteiligt.

Manfred

**Die Irrtümer des Menschen machen ihn eigentlich liebenswürdig.
(Johann Wolfgang von Goethe)**

Manfred ist seit einigen Jahren zum dritten Mal verheiratet. Auch für seine Frau ist es die dritte Ehe. Insgesamt kann Manfred auf 29 Ehejahre zurückblicken und hat nach eigener Aussage zu allen Frauen noch ein sehr gutes Verhältnis. Als Ehefrauen kämen sie jedoch heute nicht mehr in Frage.

Zwischen seiner zweiten und dritten Ehe war er zum ersten Mal in seinem Leben Single. Es ist eine Zeit, an die er gerne zurückdenkt. Sie dauerte zwei Jahre lang. Seine schwierigste Beziehung hatte er ebenfalls in dieser Zeit, allerdings bevor er Single wurde. Über diese Beziehung wird uns Manfred hier am intensivsten berichten.

Mit 21 Jahren heiratete ich meine erste Freundin, meine Jugendliebe. Ein Jahr nach der Hochzeit kam unser erstes Kind zur Welt und ein weiteres Jahr später nahmen wir ein Pflegekind an. Wir haben alles zusammen gemacht, gingen niemals getrennte Wege und haben die natürlichen Unterschiede zwischen zwei Menschen einfach ignoriert. Da wir beide sehr jung waren, blieb es nicht aus, dass wir uns weiterentwickelten, allerdings in ganz verschiedene Richtungen. Im Laufe der Zeit haben wir uns völlig auseinandergelebt und hatten uns bald nichts mehr zu sagen. Wir trennten uns einvernehmlich, lebten aber weiterhin unter einem Dach. Doch das ging nicht lange gut und ich wollte nur noch weg. Nach vierzehn Jahren wurden wir geschieden.

Während der Trennungsphase hatte ich Kontakt zu einer früheren Kollegin, mit der ich regelmäßig telefonierte und die mich auch immer wieder tröstete. Mehr als ein kumpelhaftes Verhältnis war es damals nicht. Als ich es zuhause nicht mehr aushielt und sie sich zu dieser Zeit ebenfalls von ihrem Mann trennte, machte sie mir das Angebot bei ihr einzuziehen. Sie war mitten im Hausbau und hatte genug Platz. Ich war arbeitslos geworden und übernahm gegen Kost und Logis den weiteren Ausbau ihres Hauses.

Nun, wie das Leben so spielt, entwickelte sich unser Zusammenleben schließlich doch zu einer sexuellen Beziehung und wir heirateten daraufhin recht bald. Trotzdem verband uns eigentlich nie mehr als Freundschaft und Kumpelhaftigkeit. Das reichte jedoch nicht für eine glückliche und befriedigende Partnerschaft. Als ich wegen eines Bandscheibenvorfalles im Krankenhaus lag, begann Bianca sofort eine Affäre und als ich davon erfuhr, meinte sie, das könne immer wieder passieren. Sie könne mir keine Garantie für ihre Treue geben.

So kam es dann auch. Es passierte immer wieder. Einmal war ich schon zu Hause und schlief, als sie mit

26

einem Nachbarn heimkam und meinte, ich solle das Bett räumen. Das ging mir dann entschieden zu weit und ich bekam eine ungeheuerliche Wut und habe beiden die Tür gewiesen. Ein anderes Mal hat sie einen gemeinsamen Bekannten angeschleppt, der in einem Lokal in unserem Ort kellnerte und von dem wir beide wussten, dass er schwul war. Trotzdem versuchte sie ihn zu verführen – allerdings ohne Erfolg.

Mit Conny habe ich mich an einem feuchtfröhlichen Abend eingelassen, nachdem meine Frau mit einem unserer Gäste in unserem Schlafzimmer verschwand. Nur noch Conny und ich waren von der Party übriggeblieben und es ergab sich einfach so, dass wir uns plötzlich in den Armen lagen. Am nächsten Tag gab es einen üblen Streit zwischen mir und meiner Frau und ich zog aus und stellte mich auf eigene Füße.

Nach acht Jahren ließen wir uns endlich scheiden. Unsere Ehe machte einfach keinen Sinn mehr. Aus dieser Beziehung gingen keine Kinder hervor, denn ich hatte mich nach meiner ersten Scheidung sterilisieren lassen. Ich wollte nicht noch einmal den Schmerz ertragen müssen, den eine Trennung von den Kindern mit sich bringt.

Nun lernte ich Conny näher kennen, die mir erst einmal zeigen sollte, was eine Katastrophe im Beziehungsleben ist. Diese Frau war für mich die Erfüllung meiner Träume schlechthin. Immer voll bepackt mit Ideen, immer agil und unternehmungslustig. Leider steckte sie selbst noch in einer sehr ambivalenten Beziehung mit einem Alkoholiker. Für ihn hatte sie ihren Ehemann verlassen. Wir zogen nachts durch die Kneipen, besuchten Partys, tranken recht viel und waren immer gut drauf. Bis in die frühen Morgenstunden waren wir unterwegs, um uns dann unserem intensiven Liebesleben zu widmen. Wir hatten Sex im Wald, auf Parkplätzen im Auto, in Fahrstühlen, am Seeufer; überall war es spannend und aufregend für mich. Immer wieder verführte sie mich dort, wo ich es am wenigsten erwartete und es für sie einen besonderen Kick bedeutete.

Doch dann war sie plötzlich zwei bis drei Tage verschollen und ich hörte keinen Ton mehr von ihr. Sie war nicht mehr erreichbar, weder auf dem Handy noch übers Festnetz. Irgendwann nach langem Warten kam ein Anruf und ich lauschte zum Beispiel ganz überrascht der Musik von Marianne Rosenberg durchs Telefon:

„Er gehört zu mir, wie mein Name an der Tür

Und ich weiß, er bleibt hier

Nie vergess' ich unseren ersten Tag (nananananana)

Denn ich fühlte gleich, dass er mich mag (nananananananana)

Ist es wahre Liebe (uhhhh) , die nie mehr vergeht? (uhhhh) ... "

28

Oder ein anderes Mal ertönte in voller Pracht ein Song von Drafi Deutscher:

„Weine nicht, wenn der Regen fällt,

es gibt einen, der zu dir hält.

Marmor, Stein und Eisen bricht,

aber unsere Liebe nicht.

Alles, alles geht vorbei,

doch wir sind uns treu.

Kann ich einmal nicht bei dir sein,

denk daran, du bist nicht allein.

... "

Auch Xavier Naidoo kam zum Einsatz:

„ ... Ich brauche dich. Und ich tausche nicht.
Ich liebe dich. Mehr sag ich nicht.
Ich werde dich lieben, ehren.
Jeden Morgen verdank ich dir.
Und diese Liebe soll sich vermehren.
Meine Hoffnung lastet ganz auf dir.

Du hast mir beigebracht zu lieben und nicht zu hassen.

Seit ich deine Liebe kenne kann ich mein Herz nicht von dir lassen.

Du hast mir beigebracht zu lieben und nicht zu hassen.

Seit ich deine Liebe kenne kann ich mein Herz nicht von dir lassen.

... "

Conny konnte eine Stimmung in mir erwecken, die mich nicht auflegen ließ, sondern meinen Hunger nach ihr ins Unerträgliche steigerte.

Wir telefonierten bis spät in der Nacht und nicht selten bin ich noch um drei Uhr morgens losgefahren, um sie abzuholen. Dann blieb sie eine Weile bei mir, wir genossen das Leben und plötzlich ging das Spiel von vorne los. Wieder war sie einfach verschollen, ohne ein Wort zu sagen.

Mit der Zeit wurde dieses Leben sehr anstrengend, da ich ja auch noch einem Beruf nachgehen musste. Also zog Conny bei mir ein und erst viel später fiel mir auf, dass wir unsere besten Stunden nur dann erlebten, wenn wir vorher gefeiert und Alkohol in Mengen konsumiert hatten. Sie brachte zwei kleine Kinder mit, die sie auch jedes Mal wieder mitnahm, wenn sie sich entschloss, wieder bei ihrem Mann einzuziehen. Dieses Affentheater wiederholte sie regelmäßig. Ich war nicht in der Lage, ihr Einhalt zu gebieten. Wenn sie mich wieder einmal sitzenließ, schwor ich mir, sie nie mehr aufzunehmen. Doch dann stand sie einfach mitten in der Nacht vor meiner Tür und beteuerte mir ihre Liebe. Oder sie rief mich an und erzählte mir herzzerreißende Geschichten, die mich nach ein bis zwei Stunden am Telefon dazu brachten, bei ihr vorbeizufahren und sie abzuholen. Das zog sich eineinhalb Jahre so hin und mir war es unmöglich, etwas daran zu ändern. Mal war es Mitleid, dann war es Wut und Zorn, dann wieder die Sehnsucht nach ihr – ich kam aus dieser Schleife nicht mehr heraus. Es war wie eine Sucht. Ich fühlte mich ihr vollkommen ausgeliefert, wenn sie mir hanebüchene Geschichten auftischte oder schwindelerregende Liebesschwüre vortrug. Als sie schließlich von ihrem Exmann schwanger wurde, entschloss sie sich großmütig, das Kind nicht zu bekommen. Wieder sollte ich ihr Retter sein und wieder sprang ich ein, unterstützte sie finanziell und nahm sie auch wieder bei mir auf. Sie ließ das Kind in Holland abtreiben und obwohl ich spürte, dass unsere Beziehung keine Chance auf eine Zukunft hatte, war ich immer wieder für sie da. Aus heutiger Sicht habe ich mich wie ein Trottel aufgeführt.

Doch damals war ich zu nichts anderem fähig.
Man könnte meinen, ich hätte einen Hang zum Masochismus, nicht wahr? Allerdings habe ich immer versucht, nicht unter den Dingen zu leiden, die ich ohnehin nicht ändern konnte. Wenn ich gemerkt habe, dass ich leide, bin ich in der Regel gegangen. Nur bei Conny fiel mir das wirklich sehr schwer, jedenfalls hat sie mich immer wieder „rumgekriegt".

Eines Tages lernte sie einen neuen Mann kennen und ich war von heute auf morgen abgemeldet. Obwohl ich sehr verletzt war, konnte ich im Laufe der Zeit doch einsehen, dass ich es unter anderen Umständen niemals geschafft hätte, von ihr loszukommen und heute bin ich sehr froh und dankbar, dass das Schicksal es so bestimmte. Wochen später versuchte sie mich wieder einzufangen, aber diesmal konnte ich widerstehen. Mein Stolz ließ eine erneute Affäre einfach nicht mehr zu. Kurz darauf bekam sie von ihrem neuen Lover ein Kind.

Hilmar

Niemand kann lange eine Maske tragen. Das Falsche zeigt rasch wieder sein wahres Gesicht. (Seneca)

Hilmar treffe ich an einem trüben Sonntagnachmittag, nachdem wir uns seit unserer Kindheit nicht mehr gesehen hatten. Ich hatte von seiner gescheiterten Ehe gehört und nahm allen Mut zusammen, ihn zu fragen, ob er denn bereit wäre, mir seine Geschichte für mein Buch zu erzählen. Völlig offen und der Sache zugetan, sagte er mir spontan zu und so trafen wir uns zu mehreren Gesprächen, in denen er mir viele Details seiner unglaublichen Erlebnisse schilderte. Niemand konnte je ahnen, welch unvorstellbare Wendung seine Ehe nehmen würde und welche Lügen und Täuschungen dazu führten.

„Ich war bereits Mitte dreißig als es mich berufsbedingt in den Norden Deutschlands verschlug. Ein sehr interessantes Angebot in der IT-Branche lockte mich und ich schlug ohne groß nachzudenken zu. Schließlich hatte ich nichts zu verlieren. Ich war erst seit kurzem wieder Single und neugierig auf mein neues Leben.

Anfang März bezog ich eine wunderschöne, geräumige Wohnung im Hamburger Stadtteil St. Georg. Das bekannte Schwulen- und Lesben-Viertel mausert sich gerade zu einem Szene-Viertel mit einer Vielfalt an Restaurants und Läden, die keine Wünsche offen lassen. Ich wohnte in einer Seitenstraße der Langen Reihe und das bedeutet, dass ich in wenigen Minuten an der Alster war, wo ich regelmäßig joggte und in ebenfalls wenigen Minuten mitten in der City oder eben in wirklich nur einem Augenblick im pulsierenden Leben St. Georgs, das zu jeder Tageszeit seinen Charme versprüht. Da ich neu in der Stadt war, studierte ich sämtliche Veranstaltungsblätter und gab dort auch eine Anzeige auf, dass ich gerne Anschluss an eine Laufgruppe oder dergleichen finden würde. Es dauerte nicht lange, bis ich eine Antwort einer jungen Dame in meinem Alter erhielt. Völlig cool rief ich sie an und verabredete mich mit ihr zu einer Runde an der Außenalster.

Wir erreichten fast gleichzeitig den vereinbarten Treffpunkt und schon darüber mussten wir lachen. Unbeschwert liefen wir los und kamen sofort ins Gespräch. Nach ungefähr drei Kilometern entschieden wir uns kurzerhand für eine Apfelschorle an einem der Bootsanlegerrestaurants. Die Sonne strahlte so herrlich aufs Wasser und meine Begleitung war so ein hübsches Ding, dass ich mich unmöglich nur aufs Laufen hätte konzentrieren können. Ich weiß nicht mehr, wie lange wir dort saßen, jedenfalls überkam uns irgendwann der Hunger und es war gar keine Frage, dass wir uns für den Abend zum Essen verabredeten.

Meine neue Bekanntschaft war nicht nur außerge-
wöhnlich attraktiv, sondern gebildet, intelligent und
charmant. Ja, hatte ich da einen Volltreffer gelandet?
Sie schien mich auch nicht unsympathisch zu finden
und so verbrachten wir einen wundervollen Abend zusammen. Von da an waren wir unzertrennlich. Ulla
kannte Hamburg wie ihre Westentasche und führte mich
im Eiltempo in alle wissenswerten Dinge ein. Ich war
unsterblich verliebt. Konnte ich so ein Glück haben?
Einen neuen tollen Job, eine neue tolle Frau an meiner
Seite, und weit und breit keine einzige Sorge in Sicht.
Fast kam es mir unheimlich vor. Doch wer fragt lange,
wenn alles perfekt scheint? Jeden einzelnen Tag wollte
ich einfach nur genießen und glücklich sein.

Wir verbrachten unsere Freizeit überwiegend gemeinsam und es stand lediglich bei mir und auch bei Ulla ein
bereits gebuchter Sommerurlaub bevor. Den würden wir
also nicht zusammen verbringen – jedoch zum letzten
Mal, darüber waren wir uns einig.

Ungefähr zwei Wochen vor meiner Urlaubsreise teilte
mir Ulla mit, dass sie schwanger sei.

Nun, wir waren beide Mitte dreißig, also keine Teena-
ger mehr, die so etwas aus der Bahn wirft. Wir waren
verliebt und es war keine Frage, dass wir zu dieser Verantwortung stehen würden. Ein Kind, Krönung unserer
Liebe, wenn auch schneller als erwartet. Andererseits
waren wir ja nicht mehr die Jüngsten in Bezug auf die
Brutpflege, und wenn das Schicksal nicht eingegriffen

hätte, wer weiß, wie lange wir dann über die Kinderfrage nachgedacht hätten. Mit der Gewissheit, dass wir nach der Urlaubszeit zusammenziehen und heiraten würden, sahen wir einer unbeschwerten Zukunft entgegen. Unser Kind sollte ehelich geboren werden, darüber waren wir uns sofort einig.

Im November 1999 haben wir dann geheiratet, und schon kurz vor unserem Zusammenwohnen beschlich mich ein seltsames Gefühl der Unsicherheit. Ulla benahm sich immer dominanter und sehr Besitz ergreifend und schränkte mich in meinen sportlichen Aktivitäten außerdem zu sehr ein. Ich fühlte mich nicht mehr wohl. Die ersten Zweifel stiegen in mir hoch, ob das alles nicht zu überstürzt sei, denn schließlich kannten wir uns nicht wirklich gut. Doch wie es so ist, Ulla war schwanger, und ich schob alles auf die hormonelle Umstellung. Nach der Geburt würde sie wieder ganz die nette und charmante Traumfrau sein, so wie ich sie kennen gelernt hatte.

Wir lebten also zusammen und im April 2000 kam Jan zur Welt. Ich war bei der Geburt dabei und betrachte es heute noch als großes Geschenk, dass ich dieses Wunder erleben durfte.

Wir waren ungefähr gegen Mitternacht eingeschlafen und bereits um eins meldeten sich heftige Wehen, die immer stärker wurden. Ich packte meine junge Ehefrau ins Auto und fuhr sie zum auserwählten Krankenhaus. Ulla kam in einen separaten Raum und ich wurde im Flur geparkt. Endlos ließen sie mich warten, während ich die kahlen Wände anstarrte und nervös an meinen

Fingerkuppen kratzte. Sonst gar nicht meine Art. Nach gefühlten dreihundert Stunden durfte ich einer Krankenschwester folgen. Sie führte mich direkt in den Kreißsaal, wo Ulla bereits auf dem Geburtsstuhl lag. Ich rechnete sekündlich mit der Geburt, doch diese zog sich noch dramatische Stunden lang hin. Gegen Mittag kam endlich richtig Leben in die Bude, denn meine Frau litt jetzt unter starken Schmerzen, die durch eine PDA etwas gemildert wurden. Dadurch wurden die Wehen allerdings wieder schwächer, so dass deshalb mit einem Wehenmittel nachgeholfen werden musste. Für mich war das alles sehr aufregend und erschien mir überaus unprofessionell. Wie konnte man so ein zartes Wesen so leiden lassen? Hebammen, ein Arzt, Krankenschwestern und ich standen um das Bett herum. Ulla packte plötzlich meinen Arm und ich glaubte im ersten Augenblick, sie wolle ihn zerquetschen. Welch eine ungeheure Kraft von diesem Persönchen ausging. In meiner Aufregung stammelte ich alles, was ich im Geburtsvorbereitungslehrgang gelernt hatte, und von dem ich damals glaubte, das würde kein Mensch je brauchen.

„Atmen, ruhig atmen. Atmen nicht vergessen."

Ich wiederholte mich mehrmals. Mir wäre auch nichts anderes eingefallen.

Plötzlich sah ich einen kleinen schwarzen Büschel Haare zwischen ihren Schenkeln hervorlugen. Und dann ging es tatsächlich ganz schnell. Schwupp war der kleine Jan geboren, wurde an den Füßchen hochgehoben, tat seinen ersten Schrei, und ich stand da mit offenem Mund, völlig überwältigt von der Situation, gerührt von diesem Wunder. Dieses kleine Etwas war aus uns entstanden, alles dran, ein winziger, perfekter kleiner Mensch. Bei diesem Anblick war ich so gerührt, dass ich keine Regung mehr zeigen konnte. Ich starrte gebannt auf das kleine Wesen und wäre vor Stolz am liebsten geplatzt. Unser kleiner Sohn war geboren.

Danach ging es wieder sehr geschäftsmäßig zu: meine Frau und das Baby wurden in den Ruheraum geschoben, ich durfte erst etwas später dazukommen. Dann wurde das Kind an ihre Brust angelegt, was auch mit mehreren Versuchen nicht reibungslos klappen wollte. Die Krankenschwester schnappte robust die Brustwarze meiner Frau und drückte sie unserem Baby in den winzigen Mund. Dann auf einmal saugte es. Welch ein Wunder, der Junge wusste genau, was er zu tun hatte. Ich kann dieses Glücksgefühl über das kleine schmierige Bündel, das an meiner Frau saugte, kaum beschreiben. Das muss man erleben. Todmüde verließ ich irgendwann das Krankenhaus und schlief zuhause erst mal gründlich aus. Am nächsten Tag ging ich bereits wieder zur Arbeit und musste überdies überall von meinen neuen Vaterfreuden erzählen. Ich war so stolz, erst jetzt fühlte ich mich als Mann vollkommen. Jetzt hatte ich etwas vollbracht, das einen erst richtig zum Mann macht. Ich war Vater geworden!

Nach einer Woche holte ich meine kleine Familie nach Hause und wir waren vorerst sehr glücklich. Vorerst, wie gesagt.

Die erste große Meinungsverschiedenheit ergab sich, als es um die Taufe unseres Sohnes ging. Ich war extra wieder in die evangelische Kirche eingetreten, weil ich wollte, dass unser Kind evangelisch erzogen werden sollte. Dass er einer Konfession zugehörig sein sollte, darüber waren wir uns einig. Die katholische Kirche schien mir zu streng und zu unrealistisch, weshalb ich es vorzog, dass Jan evangelisch würde. Doch da hatte ich nicht mit den Eltern meiner Frau gerechnet. Mein Schwiegervater schrieb mir eine zweiseitige Abhandlung, weshalb das Kind unbedingt katholisch erzogen werden müsse. Er selbst war im Kirchenrat seiner Gemeinde und der Marienanbetung äußerst zugetan. Außerdem fürchtete er das Fegefeuer für das Kind, sollte es nicht zum katholischen Glauben gehören. Ich war ganz schön verdutzt über diese Dreistigkeit, doch meine Frau beschwichtigte und überzeugte mich, dass sie doch diejenige sei, die das Kind überwiegend um sich haben würde, und da sie nun mal auch katholisch sei, könne sie auch keinen anderen Glauben vermitteln. Das stimmte mich versöhnlich, denn es war ein nachzuvollziehendes Argument. Also gab ich klein bei und Jan wurde katholisch getauft.

Erst später fiel mir auf, dass Ullas Eltern immer noch eine ungeheure Macht über ihre Tochter hatten und viele Entscheidungen für sie trafen. Sie konnte sich nicht dagegen wehren, obwohl sie bereits Mitte dreißig war. Immer wieder kamen ihre Eltern unangemeldet zu Besuch, was uns beiden überhaupt nicht gefiel. Trotzdem war es nicht abzustellen. Ich begreife bis heute nicht, weshalb wir uns nicht durchsetzen konnten.

Manchmal mussten wir auch bange Stunden erleben. So standen wir einmal in der Küche und Jan lag in seinem Stubenwagen im Wohnzimmer, als mir ein seltsames Röcheln auffiel. Wie von der Tarantel gestochen raste ich ins Wohnzimmer und fand unser Kind blau angelaufen vor. Ich nahm ihn mit den Füßen aus dem Wagen, schlug ihm panisch auf den Rücken und nachdem er etwas Schleimiges ausgespuckt hatte, begann er wieder zu atmen. Wir riefen sofort den Notarzt und er bestätigte uns, dass Jan wirklich in letzter Sekunde geholfen worden war. Es war wieder alles in Ordnung, er hatte sich an einem Essensrest verschluckt, der ihn das Leben hätte kosten können.

Jan wuchs und gedieh, und wir hatten unsere Freude an ihm. Er entwickelte sich prächtig, und unser Familienleben verlief in ruhigen Gewässern. Ich schätzte mich glücklich, ich hatte eine wunderbare kleine Familie, die auf mich wartete, wenn ich abends von der Arbeit kam. Dann spielte ich gerne mit unserem Sohn und später unterhielt ich mich mit meiner Frau. Die Urlaube verbrachten wir meistens in Italien, wo wir uns regelmäßig ein Ferienhaus in der Toskana mieteten und die Umgebung erkundeten. Es hätte keinen Grund zur Unzufriedenheit gegeben, wäre da nicht die seltsame Veränderung meiner Frau gewesen. Hatte ich während der Schwangerschaft gewisse Verhaltensweisen noch der hormonellen Umstellung zugeschrieben, so zeichnete sich jetzt nach und nach ein mir völlig fremder Charakter ab. Ulla entwickelte sich zu einer missmutigen, lieblosen und groben Persönlichkeit. Das heißt, ihr ursprünglicher, wahrhafter Charakter kam nun zum Vorschein. Da war nichts mehr übrig von der netten, charmanten, jungen Dame, in die ich mich Hals über Kopf verknallt hatte. Was ich da zuhause sitzen hatte, war eine Frau, die mit Psychoterror eine Familie regieren wollte. Ständig war ich ungerechten Vorwürfen ausgesetzt, obwohl ich mir alle Mühe gab, unsere kleine Familie so gut wie möglich zu versorgen und zu schützen. Finanziell mangelte es uns an nichts. Ich hatte einen sehr guten Job, Ulla konnte ohne Probleme zuhause bleiben und das Baby hüten. Ihre seltsame Verwandlung verstand ich überhaupt nicht.

Wenige Wochen nach der Geburt unseres Sohnes fragte mich Ulla, ob ich etwas dagegen hätte, wenn uns ihr früherer Freund besuchen käme. Spontan erklärte ich mich einverstanden, ich wollte schließlich nicht als spießig und intolerant gelten. Nachdem ich jedoch intensiver darüber nachgedacht hatte, war mir ehrlich gesagt überhaupt nicht mehr nach dem Besuch des Exfreundes meiner Frau. Ich entschloss mich, dies meiner Frau mitzuteilen.

„Schau Ulla, ehrlich gesagt ist es mir doch etwas unangenehm, wenn dieser Cappo bei uns vorbeikommt. Mir wäre es Recht, wenn du ihn nicht einladen würdest."

„Ja, bist du denn ganz irre? Jetzt hab ich schon alles ausgemacht. Meinst du ich blamier' mich jetzt wegen dir? Weißt du überhaupt mal, was du willst? Ich will jedenfalls, dass Cappo kommt und werde ihm nicht absagen."

Völlig cholerisch ging sie auf mich los und hörte gar nicht mehr auf zu toben.

Schließlich gab ich klein bei, damit der Haussegen wieder gerettet war. Heute frage ich mich oft, hätte ich damals schon etwas merken müssen? Waren das schon untrügliche Zeichen? Es nützt ja nichts, sich so etwas im Nachhinein zu fragen, es ist verschwendete Energie. Trotzdem flammen die Gedanken auf. Aber Tatsache ist, ich habe nichts bemerkt. Ich war völlig arglos.

Als ich am besagten Abend nach Hause kam, saß Cappo bereits in unserem Wohnzimmer. Ich muss gestehen, er war ein sehr interessanter und niveauvoller Mann, älteres Semester, aber wir haben uns ganz gut unterhalten. Er hat mit uns zu Abend gegessen. Wohl gefühlt habe ich mich nicht dabei, es kam keine Sympathie im eigentlichen Sinn zwischen uns auf, sondern fühlte sich etwas unterkühlt an. Außerdem wunderte ich mich auch, wie liebevoll er den Kleinen auf den Arm nahm, ihn drückte und herzte. So etwas ist doch auch irgendwie untypisch für einen Fremden. Als er endlich gegangen war, fühlte ich mich erleichtert. Was wollte ein verheirateter, sehr gutsituierter älterer Herr bei seiner inzwischen verheirateten früheren Geliebten? Damals dachte ich nicht darüber nach, heute stellt sich mir schon die Frage, was das sollte. Hatte er damals schon etwas gewusst, von dem ich keinen blassen Schimmer hatte?

Zwei Jahre später tauchte er noch einmal auf; in unserem Urlaubsort an der Ostsee. Da zog ich mich jedoch ganz zurück und meine Frau und Jan verbrachten den Nachmittag mit ihm alleine am Strand. Seltsam war das schon.

Auch das Verhältnis zu meinen Schwiegereltern entpuppte sich mehr und mehr als Alptraum. Einmal waren wir dort zu Besuch, als Jan am Nachmittag nicht einschlafen konnte. Normalerweise las ich ihm jeden Abend vor und er schlief problemlos ein. Also meinte meine Frau, ich solle ihm etwas vorlesen. Da sie tagsüber immer um das Kind herum war, fand ich das nicht so ideal und wagte das auch zu sagen. Ich begründete es damit, dass ich ja sonst tagsüber auch nicht zur Verfügung stand. Jan würde sich möglicherweise daran gewöhnen und wir hätten dann zuhause im Alltag neue Probleme. Das war sicher auch nicht gerade die klügste Entscheidung, die ich je traf. Aber wer macht keine Fehler oder reagiert hin und wieder „überpädagogisch", gerade weil man meint, alles richtig machen zu müssen. Das Ergebnis meiner Weigerung war jedenfalls, dass meine Schwiegereltern, unterstützt von meiner Frau, auf mich losgingen und mich als schlechten Vater beschimpften, der unverhältnismäßig streng und lieblos sei.

Eigentlich konnte ich nie etwas richtig machen.

Ein anderes Mal spielte ich mit Jan Lego. Es war Weihnachten, und er hatte einen Bauernhof geschenkt bekommen, der natürlich sofort aufgebaut werden musste. Wir brauchten sicher zwei volle Stunden, bis wir den gesamten Hof mit all seinen Tieren und Zäunen herge-richtet hatten. Wir waren stolz auf unser Werk und der Kleine freute sich sehr, aber meine Frau und meine Schwiegereltern hatten nichts Besseres zu tun, als mich als schlechten Ehemann hinzustellen, der sich von den Erwachsenen abgrenzt. Was ich auch tat, es war ver-kehrt. Ich war in den Augen meiner Schwiegereltern nicht würdig, ihr Schwiegersohn zu sein.

Bei unserer Hochzeit, die nur im kleinsten Familien-kreis stattfand, siezten sie meine Eltern immer noch. Und umgekehrt waren meine Eltern, besonders mein Vater, stumm wie ein Fisch. Diese Kälte, die diese Leu-te ausstrahlten, war nicht zu erwärmen.

Heute weiß ich, dass meine Frau eine sehr harte Kind-heit unter einem despotischen und bigotten Vater zu erdulden hatte, und dies wahrscheinlich auch der Grund war, weshalb sie sich in so schwerwiegende Lebenslü-gen verstrickte.

Was hätten ihre Eltern wohl gesagt – oder hätte es ihnen für immer die Sprache verschlagen – wenn sie je erfahren hätten, dass ihre Tochter die Geliebte eines verheirateten Arztes war, der niemals bereit gewesen wäre, seine Familie zu verlassen? Der sie nur für sein persönliches Vergnügen benutzte und fallen ließ, als er hätte Verantwortung übernehmen müssen. Ich glaube heute, diese Leute hätten tatsächlich ihr eigenes Kind verstoßen und wären niemals mehr imstande gewesen, einen Laut von sich zu geben. Leider blieb ihnen die Wahrheit – auch die grausame, die sich noch darstellen wird – bis heute verborgen.

Unsere Urlaube verbrachten wir oft und gerne in der Toskana oder auf Mallorca. Eines Tages bummelten wir durch eine nette Einkaufsmeile – rechts nicht weit entfernt von einer stark befahrenen Straße, links nicht weit entfernt vom Strand, geradeaus nicht weit entfernt vom Hafenbecken – und Ulla betrachtete die Schaufenster der international bekannten Designer, während ich mit Jan in den luxuriösen Ladeneingängen Verstecken spielte. Jan war inzwischen ungefähr drei. Es war lustig, einer von uns beiden versteckte sich immer in einem Ladeneingang, und der andere gab sich völlig ahnungslos und suchend und rufend. Spätestens beim nächsten Eingang fanden wir uns. Und wer Kinder hat, weiß natürlich, die lieben Kleinen können das ohne Ermüdungserscheinungen immer und immer wieder und lachen dann immer und immer wieder so glucksend und glücklich, dass dir nichts anderes übrig bleibt, als weiter zu machen. So und nicht anders war es auch bei uns. Plötzlich jedoch fand ich im nächsten Ladeneingang ... nichts ... absolut nichts. Mein Sohn war verschwunden. Spurlos. Das gab es doch gar nicht. Grässliche Hitzewellen strömten mir in den Kopf. Irrsinn machte sich in meinem Gehirn breit. Wo war mein Kind? Mein Atem stockte, Schweiß bildete sich überall, nicht nur auf meinen Händen, nein, überall. Ich fühlte diese ekelhaften Tropfen auf meiner Stirn, auf meinen Handinnenflächen sowieso, am Hals, im Nacken, auf der Brust. Dort wurde es so eng, als ob mich jemand in ein mittelalterliches Folterkorsett gesteckt hätte. Meine Panik verursachte mir augenblicklich grässliche Kopfschmerzen. Wo war meine Frau eigentlich? Ich rief, schrie und rannte unaufhörlich vorwärts und wieder zurück. Ulla hatte sich inzwischen von ihrem Schaufensterbummel verabschiedet, und, aufgewühlt durch meine Hektik, die Situation erfasst.

Statt mich bei meiner Suche zu unterstützen, machte sie mir nur Vorwürfe. Während sie mir hinterherlief, meckerte sie die ganze Zeit, dass ich Schuld sei und nicht ordentlich auf das Kind aufgepasst hätte. Ihre einzige Sorge war, wem sie die Schuld für das Unglück zuschieben konnte. Gott sei Dank gab es kein Unglück. Wenig später fand ich Jan wohlauf und hochkonzentriert in einem kleinen Hubschrauber sitzen, wie sie in den Geschäftsstraßen üblich sind. Durch meinen Schreck hatte ich dieses Spielzeug völlig übersehen. Ich war so erleichtert, wie selten in meinem Leben.

Wir hatten vereinbart, dass Ulla, die vor der Schwangerschaft Raucherin war, niemals vor unserem Sohn rauchen sollte. Am letzten Abend des Urlaubs gingen wir zum Abschluss in ein besonders schönes Restaurant, um lecker zu essen. Dort überkam sie die Lust zu rauchen und sie steckte sich eine Zigarette an. Ich bat sie, das zu lassen, denn der Kleine hätte es sehen können und wir hatten ja verabredet, dass sie das nie tun sollte.

„Das geht dich überhaupt nichts an. Misch dich nicht in meine Privatangelegenheiten. Wenn wir nach Hause kommen, lasse ich mich sowieso scheiden", war ihre Antwort.

Aus jedem nichtigen Anlass machte sie ein Drama.

Als ich sie einmal nach der Blutgruppe des Kindes fragte – ich weiß gar nicht mehr, was der Anlass dafür gewesen war – hat sie vollkommen überreagiert. Total aggressiv hat sie mir erklärt, dass man das bei so kleinen Kindern überhaupt nicht sagen könne. Ich war mit der Antwort zufrieden und dachte mir nichts Böses dabei. Ich wunderte mich nur über diese übertriebene Reaktion.

Unsere Ehe entwickelte sich für beide zu einer sehr unzufriedenen Lebensgemeinschaft, und als wir im Jahre 2003 in Urlaub fuhren, war es eigentlich nur noch ein letzter verzweifelter Versuch, diese Beziehung zu retten. Wir stritten nicht mehr, aber die Liebe war längst gegangen. Es waren keine Gefühle mehr übrig. Unser Sexleben war eingeschlafen, keiner von uns hatte noch das Bedürfnis mit dem anderen intim zu werden. Wir verbrachten den Urlaub mit vielen Besichtigungen, jeder im Bewusstsein, dass unsere Ehe unaufhaltsam dem Ende entgegensteuerte.

Trotzdem begaben wir uns zuhause – sozusagen als allerletzten Versuch - noch zu einer Paartherapie, die aber leider nicht mehr fruchtete. Nach wenigen Terminen brachen wir sie desillusioniert ab.

Ich entschied mich im November 2003 auszuziehen und nahm mir eine eigene Wohnung. Bis zu unserer Scheidung sollten noch zwei aufregende Jahre vergehen, in denen ich herbe Wahrheiten erfahren musste.

Es vergingen keine drei Tage, bis ich eine Unterhaltsforderung in beträchtlicher Höhe vorliegen hatte. Dass ich für meine Frau und mein Kind sorgen würde, stand nie außer Frage.

Da ich gut verdiente, musste ich einen sehr hohen Unterhalt für Frau und Kind zahlen, der ihnen ein unbeschwertes Leben sicherte. Das war für mich auch in Ordnung, schließlich wollte ich, dass es meiner Familie gut geht. Wir hatten eine saubere Besuchsregelung und ich holte meinen Sohn regelmäßig ab, das Wochenende bei mir zu verbringen. Immer öfter jedoch vereitelte Ulla diese Besuche. Obwohl Jan immer sehr gerne bei mir war und sich riesig freute, wenn ich ihn holte, hetzte sie das Kind gegen mich auf. Einmal waren wir zu McDonalds gegangen und ich hatte ihm Pommes spendiert, weil er sich das so sehr gewünscht hatte. Er war mittlerweile immerhin vier Jahre alt. Als ich ihn wieder zu seiner Mutter brachte, beschimpfte sie mich, als ob ich das Kind vergiftet hätte. Zur Strafe fiel das nächste Besuchswochenende aus, weil sie meinte, ich könne nicht ordentlich für Jan sorgen oder sei zu faul, ihm gesund zu kochen. Dasselbe spielte sich ab, als er einmal eine Bratwurst essen durfte. Mir drängte sich mit der Zeit der Verdacht auf, dass sie mich als Vater loshaben, als Zahldeppen jedoch behalten wollte. Immer wieder fielen mir sämtliche Ungereimtheiten unserer Ehe auf und so reifte langsam aber sicher ein fürchterlicher Verdacht. Der wurde durch kurze, prägnante Bemerkungen meiner Familie und meines Freundeskreises hinsichtlich der fehlenden Ähnlichkeit zwischen Jan und

48

mir noch geschürt. War ich wirklich als Opfer auserkoren worden, für ein Kind zu bezahlen, das gar nicht von mir war?

Eines Tages ließ ich schließlich einen Vaterschaftstest vornehmen. Ich spielte mit Jan Zähneputzen, um die Speichelprobe auf das mir zugesandte Bürstchen zu bekommen. Schließlich wollte ich nicht, dass er zuhause etwas erwähnte. Danach schickte ich unsere Proben ein und wartete ab.

Das Ergebnis war so eindeutig wie niederschmetternd. „Die untersuchten Proben von Person 1 (Putativ-Vater) und der Person 2 (Kind) ergaben folgendes Ergebnis: Person 1 (Putativ-Vater) kann aufgrund der fehlenden Übereinstimmung der Allele in den Genorten D7S820, D 18S51, D21S11 und Penta D als Vater der Person 2 (Kind) ausgeschlossen werden."
Der Schock saß tief.

Nun entschloss ich mich endgültig, diese Beziehung hinter mir zu lassen und reichte die Scheidung ein. Zweimal wechselte ich den Anwalt, bis ich endlich zu einem fähigen Vertreter dieser Gattung gelangte, der mein Anliegen ernst nahm und klug anging. Es ist nämlich so, dass ein selbst beauftragter und heimlich durchgeführter Vaterschaftstest vor Gericht überhaupt keine Anerkennung findet. Man muss schon sehr vorsichtig mit diesem Wissen umgehen, damit die Gegenseite dem gerichtlich angeordneten Test dann auch zustimmt. Ich hatte Glück.

Der Anwalt konfrontierte meine Frau bei einer ihrer habgierigen Forderungen völlig überraschend mit dem Testergebnis und sie fühlte sich wohl dermaßen ertappt, dass sie einem Abstammungsgutachten sofort zustimmte. Nun wurden Proben von uns drei genommen und auch die gerichtlich beauftragten Sachverständigen kamen zu keinem anderen Ergebnis, als dass ich unmöglich der Erzeuger des Kindes Jan sein könne.

Ein Jahr nach meinem Auszug wurde gerichtlich festgestellt, dass ich kein Verwandtschaftsverhältnis zu diesem Kind habe und damit das Unterhaltsrechtsverhältnis erloschen ist.

Obwohl nun eindeutig feststand, dass sich Ulla die Ehe erschlichen hatte, um für ihr ungeborenes Kind einen legitimen Vater zu haben, musste ich noch eine Weile für beide Unterhalt leisten, bis alle Dinge des Scheidungsverfahrens geklärt waren.

Trotz dieser Sachlage hatte meine Frau keine Hemmungen, dreist immer neue Geldzuwendungen von mir zu verlangen. Sie war auch nicht bereit, den Namen des leiblichen Vaters preiszugeben, damit ich einen Teil meiner Unterhaltszahlungen hätte geltend machen können. Das hat sie übrigens bis heute nicht getan.

Jan durfte ich nicht mehr sehen, obwohl er mir trotz allem immer noch sehr viel bedeutete und ich gerne weiterhin für ihn da gewesen wäre. Er konnte nun ja wirklich gar nichts dafür.

Ich musste alle Kinderfotos, die sich auf meinem PC befanden, an meine damalige Frau herausgeben. Inzwischen hatten wir schon Februar 2005, und die Scheidung war immer noch nicht durch, weil Ulla ständig neue Geldquellen zu entdecken versuchte. Wohlgemerkt war sie selbst eine sehr gut verdienende Frau mit einem hochqualifizierten Beruf, die sich um ihre finanzielle Lage keine Sorgen zu machen brauchte.

Ende November 2005 wurden wir schließlich geschieden. Die Schlammschlacht ums Geld endete erst am 30.3.2007. Bis dahin hatte ich immer wieder neue Forderungen zu begleichen beziehungsweise abzuwehren.

Berthold

Der Weg zum Glück besteht darin, sich um nichts zu sorgen, was sich unserem Einfluss entzieht. (Epiktet)

Ein gutaussehender, intelligenter und liebevoller Mann, das ist Berthold, so wie ich ihn kennen gelernt habe. Seine Stimme klang ruhig und vertrauensvoll.

Berthold studierte damals Medizin und kümmerte sich vorbildlich um seine Söhne. Ja, er sprach immer nur von seinen Söhnen, obwohl die Geschichte einen sehr krassen Hintergrund hat.
War es das schlechte Gewissen oder war es seine liebevolle Art? Ich glaube letzteres.
Wir lernten uns beim Skifahren kennen und waren bald ein Herz und eine Seele.
Berthold hatte kurz darauf eine tragische Trennung zu durchstehen, die ich Ihnen hier schildern werde.

Berthold lernte seine Frau als Freundin seines besten Freundes kennen. Er besuchte seinen Freund in Hannover, der gerade mit Eva ein Baby bekommen hatte, und verliebte sich in Eva. Eigentlich verliebte sie sich ihn. So hat er mir es jedenfalls geschildert. Berthold ist eher der zurückhaltende Typ und ich glaube ihm. Eva fand den Freund ihres Freundes also sehr erotisch und anziehend und ließ nichts unversucht, ihn zu verführen. Berthold hatte zu dieser Zeit keine Beziehung, aber dafür bald ein verdammt schlechtes Gewissen. Er schlief mit der Freundin seines Freundes – und keine zwei Wochen später war sie ihm samt Baby nach Freiburg nachgereist, und forderte seine ritterliche Haltung, die er natürlich erfüllte. Er kam sich schon seinem alten Freund gegenüber wie ein Schwein vor, wie hätte er da das Mädchen heimschicken können? Für sie war nach einem One-Night-Stand eine neue Beziehung besiegelt, basta. Nun war er ja auch nicht abgeneigt, eine Freundin zu haben, aber gleich eine Familie? Er bewohnte nur eine kleine Studentenbude, in der sie dann zu dritt hausten. Berthold war anständig und übernahm die volle Verantwortung für seine leichtsinnige Tat. Wenige Wochen später war Eva – Studentin der Romanistik - wieder schwanger, diesmal von Berthold. Sie mieteten sich ein Haus; Eva war clever im Ausschöpfen aller öffentlichen Mittel und da sie nicht verheiratet waren, wurde sie vom Staat als alleinerziehende Mutter zweier Kinder großzügig unterstützt. Von Anfang an sagte sie Berthold klipp und klar, dass er ab sofort zwei Kinder hätte und dafür gerade zu stehen habe. Für Berthold war das erste Pflicht. Eva nahm ihre Studien nach der Geburt des zweiten Kindes wieder auf und Berthold kümmerte sich neben seinem Studium um die beiden Jungs.

Wenn die Kinder krank waren, konnte Berthold nicht zu Vorlesungen gehen, denn Eva hatte selten Lust sich zu kümmern. Schließlich bekam sie es ohne schlechtes Gewissen fertig, nachts das verkotzte Leintuch der Kinder einfach umzudrehen, anstatt es zu wechseln. Berthold erzählte mir etliche Horrorgeschichten dieser Art und manchmal konnte ich es kaum fassen. Es hörte sich so ungeheuerlich an.

Jedenfalls hielt diese neue Liebe nicht besonders lange. Denn kaum war der Kleine drei Jahre alt, legte sich Eva einen neuen Lover zu, der wie selbstverständlich im Haus ein und aus ging. Berthold fand irgendwann eine tagebuchähnliche Notiz, in der sie sich selbst fragte, von wem denn wohl ihr drittes Kind sei. Sie vermutete eine erneute Schwangerschaft und Berthold erzählte mir, dass er gar nicht in Frage kommen könne, denn sie hätten schon Ewigkeiten keinen Verkehr mehr. Außerdem wurde er nicht über die vermutete Schwangerschaft aufgeklärt. Es konnte aber auch sein, dass sie sich einfach fragte, wer würde wohl der zukünftige Vater ihres geplanten dritten Kindes werden? Als er sie zur Rede stellte, eskalierte das Ganze und sie machte Schluss. Sie schrie ihn an:

„Verpiss dich."

Also suchte sich Berthold umgehend eine neue Bleibe, wo auch genügend Freiraum für die Kinder geboten wurde. Dieser Umzug war für ihn mit großen finanziellen Problemen behaftet. Er musste nun noch mehr nebenbei arbeiten, die Kinder - beide natürlich - regelmäßig am Wochenende und zwei Tage unter der Woche nehmen, damit Eva ihrem Studium und ihrem neuen Liebhaber Zeit widmen konnte. Die Reihenfolge kann auch umgekehrt gewesen sein. Hätte er nicht beide genommen, hätte er auch sein eigenes Kind nicht sehen dürfen. Als ledige Mutter lag die ganze Macht des Sorgerechts bei ihr. Wobei ich hinzufügen muss, dass Berthold das erste Kind seiner Freundin genauso liebte wie sein eigenes und ihm dies niemals angetan hätte. Wir haben sehr viel gemeinsam unternommen in dieser Zeit, deshalb kann ich dies auch mit Bestimmtheit behaupten. Ich habe es miterlebt.

Ich bin mir ganz sicher, dass Berthold, trotz all dieser Gemeinheiten und Schwierigkeiten, sehr an Eva hing. Eine Versöhnung stand immer wieder mal im Raum. Sie war eine sehr intelligente Frau, optisch so Körner-Müsli-Fraktion und sportlich fit. Sie absolvierte ihr Studium lässig neben all den anderen Verpflichtungen, hatte allerdings auch die Begabung ihre Freiräume klar abzustecken; da gab es keine Ausnahmen, weder für Kind noch Mann. Bei all dem hin und her, immerhin waren da zwei Kinder im Spiel, gab es leider kein Happy End.

Berthold hat später bei einer Reise eine neue Liebe kennen gelernt und vielleicht war das sein Glück. Er war eine Seele von einem Mann, ich habe ihn sehr gemocht. Leider habe ich ihn aus den Augen verloren, als er nach Beendigung seines Studiums in eine andere Stadt gezogen ist. Ich wünsche ihm jedoch inständig, dass er eines Tages sein Pendant gefunden hat. Er hat immer gesagt:

„Frauen sind doch nicht die besseren Menschen, das wird uns nur so verkauft, oder Sylvie?" In Bezug auf Berthold und viele meiner männlichen Freunde, kann ich ihm da nur zustimmen.

Johannes

Ein Mann von starkem Geist und richtiger Selbsteinschätzung rächt sich nicht für Beleidigungen, denn die bedeuten ihm nichts. (Seneca)

Ich traf Inge auf der Hochzeit eines gemeinsamen Freundes. Wir verstanden uns auf Anhieb. Wir verbrachten einen amüsanten und kurzweiligen Abend zusammen und es war klar, dass ich sie wiedersehen wollte. Zum Abschied tauschten wir unsere Adressen und Telefonnummern und ab dem nächsten Tag rief ich sie täglich an. Ich hatte mich total verknallt. Dieses hübsche und humorvolle Wesen hatte mir gehörig den Kopf verdreht. Leider wohnten wir 500 km auseinander, so dass unser erstes Wiedersehen eine Weile auf sich warten ließ. Doch wir wurden uns auch am Telefon immer vertrauter und bald besuchten wir uns gegenseitig jedes Wochenende. Nach einem halben Jahr entschlossen wir uns zusammenzuziehen und bald darauf heirateten wir.

Als Filialleiter einer Bank konnte ich mich ohne große Probleme versetzen lassen. Mit Freude und großer Erwartung zog ich aus dem Norden in einen Vorort von Frankfurt. Schon die Lebensart der Hessen gefiel mir besonders gut, umso mehr freute ich mich, jetzt dort

56

selbst wohnen zu können. Nach ungefähr zwei Jahren wurde Inge schwanger und wir freuten uns riesig auf unser erstes Kind.

Wir wollten, dass unser Kind im Grünen aufwachsen konnte und zogen noch einmal um: in ein kleines, aber sehr schönes Reihenhaus mit Garten in einer neuen Wohnsiedlung mit vielen jungen Familien. Unser Glück schien perfekt.

Schon in den ersten beiden Jahren unseres Zusammenlebens fiel mir die grundlose Eifersucht meiner Freundin immer wieder einmal unangenehm auf, aber ich wollte das alles nicht überbewerten. Schließlich muss man sich erst aneinander gewöhnen und Vertrauen aufbauen, dachte ich. Außerdem hatten wir die gleichen Interessen – wir gingen gerne und oft ins Kino, liebten es am Wochenende mit den Mountainbikes große Touren zu unternehmen, lasen beide sehr gerne bis spät in der Nacht und spielten auch regelmäßig Tennis. Wir verbrachten unsere Freizeit überwiegend gemeinsam und mit sehr viel Vergnügen.

Wir hatten ein gutes Einkommen – Inge arbeitete als Orthopädin an einer Frankfurter Klinik und ich leitete bald wieder eine eigene Filiale. Es fehlte uns an nichts.

Als unsere Tochter zur Welt kam, stand unserem Glück nichts mehr im Wege. Inge blieb zu Hause und erzog Sophie, ich ging weiterhin zur Bank und verdiente ab jetzt unseren Lebensunterhalt alleine. So wollten wir das auch halten, bis unsere Familienplanung abgeschlossen wäre. Zwei Jahre später kam Luca zur Welt. Schon hatte unsere Beziehung erste harte Proben bestehen müssen, aber wir hatten sie gemeistert.

Nun sollte die Eifersucht meiner Frau jedoch außerordentliche Blüten treiben. Nicht nur, dass sie mich verbal aufs Übelste beschimpfte, wenn ich ab und zu mal länger arbeiten musste, nein, jetzt begann sie auch immer öfter auf mich einzudreschen, trommelte mit den Fäusten auf mich ein oder trat mit den Füßen nach mir. Ich war nicht gewillt, mir das gefallen zu lassen, aber ich konnte es auch nicht übers Herz bringen, zurückzuschlagen.

Nach jedem Streit redeten wir darüber, dass es so nicht gehen konnte und es tat ihr auch jedes Mal sehr leid. Doch statt besser wurde es immer schlimmer. Als die Kinder größer wurden, waren auch sie der Gewalt und Unbeherrschtheit ihrer Mutter ausgesetzt.

Als der Kleine einmal etwas Milch verschüttete, schrie sie ihn wie von Sinnen an, zerrte ihn an seinen Ärmchen vom Stuhl und drückte ihn mit dem Gesicht in die Milch. Sophie hatte es noch schwerer. Sie sollte schon ganz früh die Verantwortung für Luca übernehmen und wenn er sich wehtat, bekam Sophie die Schuld und Prügel.

Ich bekam solche Szenen am Anfang ja nur selten mit, aber mit der Zeit wurde mir eindeutig klar, dass diese Vorkommnisse schon zu unserem Alltag gehörten.

Immer öfter ging Inge auf mich los. Hätte sie wenigstens die unschuldigen Kinder in Frieden gelassen, wer weiß, ich hätte wohl noch lange ausgehalten. Doch es schmerzte mich, wie sehr die Kinder litten und immer stiller und verängstigter wurden. Als Sophie in die dritte oder vierte Klasse ging, bekam sie eine kleine Katze. Doch das arme Tier saß immer nur verschüchtert in einer Ecke. Als ich Sophie fragte, was denn mit Lilli – so hieß ihre Katze – los sei, meinte sie:

„Lilli hat große Angst vor Mami. Mami schreit immer und fegt Lilli mit dem großen Besen aus dem Zimmer."

Einmal war ich nach Feierabend mit einem Kollegen beim Tennis und danach tranken wir noch ein gemütliches Bier in einer Gartenwirtschaft. Als ich zuhause den Schlüssel im Schloss umdrehte, hörte ich schon das Gekeife. Inge stürmte auf mich zu und begann mit einem Stück Kantholz auf mich einzuschlagen. Dabei brüllte sie:

„Wo kommst du denn jetzt her, du verdammter Hurensohn. Soll ich das hier alles alleine bewältigen und der Herr macht sich freudvolle Stunden bei irgendeiner Schlampe?"

Immer stärker drosch sie mit dem Holz auf mich ein und obwohl ich versuchte auszuweichen so gut es ging, traf sie mich schließlich im Gesicht. Ich schrie auf und sie ließ von mir ab.

Es gab nichts mehr zu vertuschen, ich fuhr ins nächste Krankenhaus, musste etliche Platzwunden auf dem

Kopf nähen lassen und meine Wange wurde versorgt. Das Jochbein war gebrochen. Fragen Sie mich nicht, welche Scham ich verspürte, als ich sagen musste, woher meine Verletzungen kamen. Ich stammelte etwas wie:

„Im Keller ... gegen einen Wandvorsprung gelaufen .... es war ja dunkel.... gestolpert und plötzlich tat alles weh .....

Die diensthabende Ärztin sah mich nur mitleidig an. Es war offensichtlich, dass sie mir kein Wort glaubte. Allerdings bin ich mir sicher, dass sie in ihren kühnsten Träumen nicht an das dachte, was der Wahrheit entsprach. Nämlich, dass mich meine eigene Frau in ihrem Wahn derart malträtiert hatte.

So schwer es mir fiel, es war an der Zeit zu handeln. Ich ging zu einer Männerberatungsstelle und erzählte, was mir und den Kindern widerfuhr. Dort legte man mir nahe, meine Frau zu einer Therapie zu überreden, damit die Ehe und Familie noch eine Chance hätte. Inge lehnte ab. Obwohl sie mir hoch und heilig versprach, dass solche Tätlichkeiten nie mehr vorkommen würden, konnte ich kein Vertrauen mehr fassen.

Trotzdem versuchten wir es noch einmal und die ersten Wochen und Monate nach meiner Genesung verliefen auch relativ friedlich. Ich ging seither regelmäßig zu einem Männerbüro, wo ich mich einmal wöchentlich mit anderen Männern austauschen konnte. So durfte ich erfahren, dass ich nicht der einzige war, der in solch einer schwierigen Situation steckte.

Sechs Monate nach diesem Zwischenfall ereignete sich das nächste Chaos. Sophie musste Luca auf dem Spielplatz in unserer Wohngegend beaufsichtigen. Als er beim Klettern von einem Holzhaus fiel und sich Arme, Beine und Hände aufriss, lief er heulend nach Hause. Sophie trabte verzweifelt und heulend hinterher. Zu Hause angekommen, hofften die Kinder auf medizinische Versorgung durch ihre Mutter. Stattdessen setzte es Prügel für Sophie, weil sie angeblich nicht genug aufgepasst und mit ihren Freundinnen gespielt hätte. Inge schlug wie eine Besessene auf das Kind ein, bis es bewusstlos am Boden liegenblieb.

In diesem Moment kam ich nach Hause – ich war etwas früher dran als üblich, denn mich plagten starke Zahnschmerzen. Als ich die Situation erfasste, gab es kein zurück mehr.

Ich nahm die beiden Kinder und fuhr mit ihnen ins nächste Krankenhaus. Dort gab ich an, woher die Kinder ihre Verletzungen hatten und den Rest übernahm die Ärztin, die die Polizei und das Jugendamt einschaltete.

Ich reichte wenige Tage später die Scheidung ein, bekam nach langem Hin und Her das Sorgerecht für die Kinder und zog wieder in den Norden, wo ich mit der Unterstützung meiner Eltern und meiner Schwester für Sophie und Luca ein friedliches Zuhause schuf.

Tobias

Es ist nicht alles erstrebenswert, was unerreichbar ist. (schottisches Sprichwort)

Tobias ist ein sehr sensibler junger Mann, der eine sehr schwere Zeit hinter sich hat. Heute ist er zum zweiten Mal verheiratet, mit einer Dame, die ich über mein erstes Buch kennen gelernt habe. Ich freue mich, dass er uns seine Geschichte zur Verfügung stellt, obwohl die Einzelheiten ihn noch sehr mitnehmen.

Noch lange vor der Pubertät musste ich sexuelle Erfahrungen sammeln, die ich keinem Jungen wünsche. Doch das ist eine andere Geschichte, auch wenn sie sicherlich großen Einfluss auf mein weiteres Leben hatte. Deshalb erwähne ich diese Tatsache hier kurz. Die Wunden sind nie verheilt, weshalb ich auch heute noch nicht in Einzelheiten darüber reden kann. In dieser Zeit entstand auch das Gefühl, das mich mein Leben lang begleiten sollte: Mir glaubt ja doch niemand.

Mit achtzehn Jahren war ich als jüngster Sohn immer noch im Hotel Papa, wie es mein Vater nannte. Meine Eltern waren schon lange getrennt und mein Vater hatte nicht die Absicht abzuwarten, bis sein jüngster Spross endlich flügge würde. Es kam ihm sehr gelegen, dass ich während meiner Ausbildung meine zukünftige Frau kennen lernte. Er versuchte mich loszuwerden und ich nahm die Gelegenheit wahr, bei meiner Freundin einzuziehen und hoffte auf Familienanschluss, um nicht so einsam zu sein. Ich beendete meine Ausbildung, machte den Führerschein und bekam einen guten Job. Nach knapp zwei Jahren war die Familie, also die Eltern meiner Freundin und sie selbst, der Meinung, es sei nun an der Zeit zu heiraten. Kurz vor meinem zwanzigsten Geburtstag wurde ich in eine Ehe gedrängt und konnte nichts dagegen tun. Ich fühlte mich einfach hilflos den Bestimmungen meiner Schwiegereltern ausgeliefert. Es gab eine Hochzeitsfeier mit allem drum und dran, wie sie hier in der Gegend üblich ist.

Wenig später erhielt ich den Einberufungsbescheid. Mit gemischten Gefühlen machte ich mich auf den Weg zur Bundeswehr. Zurück ließ ich einen auf den Staat maulenden Schwiegervater und eine jammernde Ehefrau. Dort wollte man einen richtigen Mann aus mir machen und hier klammerte ein Mädchen, das ohne mich nicht wollte oder konnte.

Von Natur aus ging ich jedem Problem aus dem Weg. Immer vorsichtig und auf Harmonie bedacht. Nur im äußersten Notfall trat ich die Flucht nach vorne an. Doch damals erfuhr ich zum ersten Mal, dass es Menschen gibt, vor denen man nicht flüchten kann. In meiner Verzweiflung begann ich, mich selbst zu verletzen.

Als ich ausgemustert wurde, kam ich zurück in ein Zuhause, das mit Liebe und Fürsorglichkeit wirklich nichts zu tun hatte. Hauptsache, ich war wieder da.

Etwa ein Jahr später ahnte mein Vater, dass er und seine Leber den Kampf gegen die Begleiterscheinungen des massiven Alkoholkonsums verloren hatten. Er bat meinen Schwiegervater sich um mich zu kümmern. Ein halbes Jahr später musste ich von meinem Vater Abschied nehmen. Ein Abschied, der sich hinzog und dessen Bilder mir bis heute nicht aus dem Kopf gehen. Ich habe ihn gebraucht und er ging einfach. Ließ mich zurück bei einem Schwiegervater, der die Aufgabe, auf mich aufzupassen, vollkommen anders interpretierte. In dieser Zeit, als ich so verletzlich und schwach war, ging er mich sexuell an. Als ich endlich den Mut fand, mich meiner Frau anzuvertrauen, lachte sie mich aus.

Ich machte es nicht besser als mein Vater. Immer mehr verbündete ich mich mit meinem damals besten Freund, dem Flaschenöffner. Es dauerte viele Flaschen und fast ebenso viele Ausreden, bis man letztlich auch an meiner Arbeitsstelle auf mein Problem aufmerksam wurde. Mir wurde nahegelegt, dem ein Ende zu setzen und ein betriebliches Programm zu nutzen. Im Klartext: Entzug und Therapie in einer Reha-Klinik. Ich war einsichtig und willigte ein. Das Beste daran war, ich hatte endlich meine Ruhe.

Diese Ruhe dauerte genau so lange, bis ich mein Geld nicht mehr auf das Konto meiner Frau überweisen ließ und es mit Hilfe des dortigen Sozialarbeiters nur noch für mich zugänglich war. Sie hatte selbst ein sehr gutes Einkommen und ließ von meinem Verdienst nicht einmal so viel übrig, dass ich mir hätte ein Duschgel kaufen können. Wie gesagt: Geld weg – Ruhe zu Ende.

Meine Frau tauchte in der Klinik auf und legte sich mit meinem Therapeuten an. Und über mich lachte sie nur.

Entgegen ärztlichen Rates brach ich nach vier Monaten die Behandlung ab und kehrte nach Hause zurück.

So ging unsere Ehe weiter, Jahr ein, Jahr aus. Ich wurde ausgenutzt, ausgelacht, für alles und jeden verantwortlich gemacht. Ich baute Wohnungen und Häuser um und versuchte mit meinem wirklich guten Einkommen ihr ein schönes Leben zu bieten – und erntete dafür nur Hohn und Spott. Also glaubte ich, mich noch mehr anstrengen zu müssen. Immer hatte ich das Gefühl, nicht genug zu tun, nicht gut genug zu sein.

Zerdepperte sie das Geschirr an der Wand, kaufte ich neues. Zeigte sie mit dem Messer in meine Richtung, blieb ich stehen und hörte ihrer Lieblingsbeschäftigung zu: schreien, keifen, Vorwürfe machen. Die Hölle stellte ich mir nicht schlimmer vor.

Zweimal schaffte ich es, bei Nacht und Nebel zu verschwinden. Doch sie spürte mich mit Hilfe ihres Vaters immer wieder auf und ich gab klein bei und ging zurück. Meine Familie war ratlos und konnte mir auch nicht mehr helfen.

Eines Tages glaubte ich, Menschen gefunden zu haben, die mich verstehen. Meine damaligen Arbeitgeber boten mir ihre Hilfe an.

Unsere Probleme und Streitereien hatten sich so zugespitzt, dass meine Frau ein Gespräch forderte. Und obwohl mir bewusst war, dass es hierbei doch wieder nur um Geschrei und verbale Kraftausdrücke gehen würde, setzte ich mich mit ihr an einen Tisch. Stundenlang ließ sie mich nicht zu Wort kommen. Schließlich tauchten ihre Eltern auf. Vor allem ihr Vater fand alles sehr lustig.

Auf einmal ging sie auf mich los und zwar richtig: Messer, Zähne, Krallen. Plötzlich machte es bei mir klick. Ich stieß sie zurück und rannte aus dem Haus. Rannte und rannte. Irgendwann war ich bei meinen damaligen Arbeitgebern angelangt.

Das Ende unserer Ehe war endgültig eingeläutet.

Frank

Nichts ist zu schwer für den, der liebt. (Cicero)

Ich kenne meine Frau schon seit unserer Schulzeit. Wir haben uns zwar für kurze Zeit aus den Augen verloren, aber als wir uns Anfang zwanzig wieder trafen, war es um uns geschehen. Wir verliebten uns und blieben zusammen.

Während unserer Jugend haben wir nichts ausgelassen, Feste feiern, Alkohol und stärkere Drogen, nichts war vor uns sicher. Trotzdem schaffte ich mein Studium und konnte anschließend einer geregelten und angesehenen Arbeit nachgehen. Ich bin Entwicklungsingenieur in einem großen Konzern. Julia machte eine Ausbildung zur Versicherungskauffrau. Irgendwie brachten wir unser Leben immer wieder auf die Reihe, obwohl Julia zunehmend trank. Aber das fiel uns damals nicht negativ auf. Schließlich wollten wir uns am Wochenende amüsieren und tranken öfter mal einen über den Durst. Das taten doch alle. Gleichzeitig kifften wir uns die Birne zu und fanden das vollkommen okay.

Als unser erstes Kind geboren wurde, führten wir eine ganz normale Ehe. Ich ging arbeiten und Julia blieb bei Sven zuhause. Drei Jahre später kam Lars zur Welt.

Langsam und schleichend wurde Julias Alkoholkonsum immer regelmäßiger. Sie trank zwar fast nur noch Bier, doch dies machte sie nach ein zwei Flaschen schon unfähig, den Alltag zu bewältigen. Vor allem trank sie am helllichten Tag oder auch schon morgens. Hin und wieder kifften wir ein bisschen, sie weniger, ich mehr. Als Sven eingeschult wurde, gab es die ersten auffälligen Probleme. Immer öfter stand kein Essen für die Kinder auf dem Tisch. Julia lag dann mit „Migräne" auf der Couch oder „es ging ihr nicht gut", was bedeutete, sie war betrunken oder zumindest angetrunken und handlungsunfähig was die Alltagspflichten anging. Immer öfter machte sie gar nichts mehr im Haushalt und die Kinder tanzten ihr auf der Nase herum, weil sie sich nicht gegen sie wehren konnte. Sie hatten irgendwann keinen Respekt mehr vor ihr. Sie wiederum ließ ihnen alles durchgehen, um nicht ganz ihre Liebe zu verlieren. Sicher habe ich da manchmal auch etwas überreagiert. Ich versuchte dann, besonders streng zu sein, um das auszugleichen, was hier zuhause einfach schief lief. Das führte regelmäßig zum großen Krach, gefolgt von einem neuen Besäufnis. Danach kam es zur Versöhnung, zu Versprechungen, zu neuen Hoffnungen. Es war ein gleichbleibender Kreislauf, der sich ständig wiederholte. Für uns alle war das eine grässliche Zeit. Immer öfter mussten meine Schwiegereltern anreisen, um Julia im Haushalt zu helfen und die Kinder zu versorgen. Julias Zustand wurde immer schlimmer, tagelang war sie verschwunden, wenn sie mal wieder heimlich getrunken hatte. Sie nistete sich bei Freundinnen ein und erzählte dort, sie habe Ehekrach und bräuchte eine Auszeit. So fand sie immer wieder Unterstützung. Ihre Kinder waren ihr dann scheißegal.

Ich sperrte ihr das Geld in der Hoffnung, dass sie dann nicht mehr trinken könne und heimfand. Aber sie fand stattdessen neue Möglichkeiten und machte überall im Bekanntenkreis Schulden. Meistens jedoch kam sie nach ein paar Tagen wieder reumütig zurück, manchmal machte ich sie auch ausfindig und konnte sie zur Rückkehr bewegen. Nicht selten durch eine Lüge oder einen Trick. Dann musste sie für ein oder zwei Wochen zur Entgiftung in ein Krankenhaus, denn einfach mit dem Trinken aufhören konnte sie nicht mehr.

Bald wussten wir nicht mehr aus noch ein. Doch erst nach Jahren war Julia bereit, eine Therapie zu machen und ging in eine Klinik. Sven und Lars waren inzwischen elf und acht Jahre alt. Ich versorgte in dieser Zeit die Kinder mit Hilfe einer stundenweise ins Haus kommenden Hilfe der Krankenkasse und meinen Schwiegereltern. Irgendwie kamen wir über die Runden. Julia erholte sich zusehends und wir schöpften neue Hoffnung. Ich wollte meine Frau nicht verlieren, ich liebte sie doch. Ich würde mit der Situation schon klar kommen, dachte ich immer wieder. Die Kinder litten allerdings furchtbar. Sven wurde immer schlechter in der Schule und Lars hatte zu kämpfen, um überhaupt im Unterricht mitzukommen.

Als wir Julia endlich besuchen durften, entspannte sich die Lage etwas. Die Kinder hatten ihre Mutter drei

Monate lang nicht gesehen, jetzt konnten sie sie wenigstens einmal im Monat treffen und den ganzen Tag mit ihr verbringen. Mich wollte sie die ersten Monate überhaupt nicht sehen. Sie dachte an Trennung und einen Neuanfang. Ich denke, sie gab mir die Schuld für ihre Sucht. Als ihre Therapie nach einem Jahr um war, zog sie in eine sogenannte Adaption. Das bedeutet, sie wohnte in der Nähe der Klinik und lebte in einer Wohngruppe mit fünf anderen Frauen zusammen.

Adaption bedeutet *"Übergang, Verbindung, Anpassung"* – zwischen der stationären Suchttherapie („Käseglocke") und der sozialen und beruflichen Wirklichkeit der Außenwelt. (Anm. der Autorin)

Nach weiteren vier Monaten entschloss sich meine Frau, doch wieder nach Hause zurückzukehren. Wir hatten zuvor etliche therapeutisch unterstützte Gespräche geführt und wollten uns noch einmal ganz auf unsere Familie konzentrieren und den Neuanfang schaffen.

Anfangs ging auch alles gut. Fast ein Jahr lang gab es keine Probleme – bis auf ganz alltägliche Kleinigkeiten. Doch eines Tages besuchte Julia mit den Kindern den Jahrmarkt und dort muss es sie wohl wieder geritten haben. Sie setzte die Kinder vor unserem Haus gegen Abend ab und fuhr weiter. Sie hätte etwas vergessen und würde es noch schnell besorgen, meinte sie. Daraufhin war sie verschollen. Ich sah und hörte nichts mehr von ihr. Ich rief alle ihre ehemaligen Freundinnen – eigentlich waren ja keine aktuellen mehr übrig – an, fragte in den Krankenhäusern nach, nirgends war sie aufgetaucht. Ihr Handy war tot, auf meine sms kam keine Reaktion von ihr. Einerseits machte ich mir schreckliche Sorgen, andererseits bekam ich einen bodenlosen Hass, denn ich vermutete ja schon, dass sie wieder im Suff abgestürzt war und irgendwo Unterschlupf gefunden hatte. Nach einer Woche schrieb ich ihr eine sms, dass Sven verunglückt sei und dringend nach seiner Mami verlange. Es sei nicht schlimm, aber er weine sehr nach ihr. Daraufhin meldete sie sich und versprach noch während unserem Telefonat, nach Hause zu kommen. Als sie angetrunken zu Hause ankam, erklärte sie, sie sei bei einer neuen Bekannten in München gewesen, die sie damals in der Adaption kennengelernt habe. Nun hatten sie wohl gemeinsam ihren Rückfall ausgiebig genossen. Ich versuchte sie zu einer Entgiftung zu überreden, ihr Mut auf einen Neuanfang zu machen, jedoch ohne Erfolg. Wir machten einfach so weiter wie bisher in der naiven Hoffnung, sie würde die Kurve kriegen. Keine drei Wochen später dasselbe Spiel. Als ich von der Arbeit nach Hause kam, war sie verschwunden. Es lag nur ein Zettel da, dass ich die Kinder vom Sport abholen solle. Zwei Tage später klingelte die Polizei an meiner Tür und teilte mir mit, dass meine Frau betrunken mit dem Auto verunglückt sei. Sie wurde mit erheblichen Platzwunden und mehreren Verletzungen in ein Krankenhaus eingeliefert, ist dort aber mitten in der Nacht abgehauen. Das Auto lag noch vollkommen zertrümmert irgendwo in Bayern am Straßenrand, aber die Polizei hatte bereits die Beseitigung veranlasst. Sie hätte Glück gehabt, dass sie so glimpflich davon gekommen sei, meinte der Polizist. Dem Autoschrott nach zu urteilen, hätten sie nicht mit Überlebenden gerechnet, schon gar nicht nur mit einer leicht Verletzten. Ich war wie gelähmt. Immer wieder wurden die bereits erlebten Dramen getoppt.

Wann sollte das endlich aufhören? Würde es jemals aufhören? Oder rannte ich da einem Phantom hinterher? Phantom der Hoffnung? Ich spürte eigentlich nichts mehr, schon gar nicht Mitleid oder Mitgefühl für meine Frau. Nicht mal Wut kam hoch. Sollte sie verdammt noch mal bleiben, wo der Pfeffer wächst.

Als ich nach Tagen immer noch nichts von ihr gehört hatte, kam doch eine gewisse Verzweiflung in mir hoch. Ich rief auf ihrem Handy an: nichts. Es war ausgeschaltet. Ich schrieb ihr wieder eine sms. Keine Reaktion. Diese Ungewissheit war das Schlimmste. Nach fast zwei Wochen rief mich ihre Bekannte aus München an und fragte mich, ob ich bereit sei, meine Frau ohne Theater abzuholen, schließlich brauche sie Hilfe und keine Vorwürfe oder gar Schlimmeres. Ja sollte ich sie nur noch in Watte packen und all ihre Abstürze verständnisvoll akzeptieren? Ich bin ein ganz normaler Ehemann, keine Therapeut! Natürlich hab ich oft geschimpft und gemeckert, war verzweifelt, wütend und nicht gerade sanft zu ihr. Sie hatte uns doch immer wieder im Stich gelassen – vor allem ihre eigenen unschuldigen Kinder. Wie sollte ich damit umgehen? Endlich begriff ich, dass ich mir Hilfe holen musste.

Ich holte meine Frau ab, ohne ein Wort brachte ich sie nach Hause. Grün und blau war sie immer noch am ganzen Körper von dem Unfall. Ich ließ sie einfach gewähren – und meldete mich bei einer AlAnonGruppe an.

Inzwischen habe ich gelernt, dass ich ihr nicht aus ihrer Sucht helfen kann, sondern ihr lediglich beistehen, falls sie ernsthaft versucht, mit dem Trinken aufzuhören. Seit zwei Jahren lebe ich mit den Kindern von ihr getrennt, sie geht ihre eigenen Wege, mal besser, mal schlechter. Die Kinder besuchen sie in unregelmäßigen Abständen, je nachdem in welcher Verfassung sie sich befindet.

Sandra

Nicht weil es schwer ist, wagen wir es nicht, sondern weil wir es nicht wagen, ist es schwer. (Seneca)

Sie war mir auf den ersten Blick sympathisch: eine zierliche, schöne Erscheinung, intelligent und herzlich, dabei eine Frau, die beruflich auf beiden Beinen steht und nebenbei zwei Kinder großzieht. Was sie im Laufe ihrer achtzehn Jahre dauernden Ehe erlebt hat, wie alles begann und schließlich endete, erzählt sie uns ohne falsche Scham, offen und ehrlich.

Es war das letzte Kommilitonentreffen meines Verlobten, als wir gemeinsam eine Besenwirtschaft aufsuchten, um den Abschied von seinem Studentenleben zu feiern. Ich betrat das Lokal und mein Blick fiel unvermittelt auf einen jungen Mann, der bereits an einem der Tische saß. Und dort klebte er fest. Mein Blick. Ich war wie elektrisiert: dort saß der Mann meiner Träume - nur wenige Meter von mir entfernt und starrte mich ebenso fassungslos an. Es entstand augenblicklich eine Spannung, die kaum zu beschreiben ist. Vielleicht mit der Schwüle an einem Gewittertag, wenn man den erlösenden Guss bereits herbeisehnt, der sich aber nicht einstellen mag. Das Herz schlug mir bis zum Halse, das schlechte Gewissen hämmerte wie ein tollwütiger Specht in meinem Kopf: hoffentlich merkt niemand etwas.

Meine Güte, das gab es doch gar nicht, ich hatte mich Hals über Kopf verknallt wie ein pubertierender Backfisch. Ich war Mitte zwanzig, hatte eine sehr gute Stelle bei einer international agierenden Versicherungsgesellschaft und zur Hochzeit fehlte nur noch der genaue Termin. Mein Leben war bisher geordnet, aufgeräumt und ohne nennenswerte Zwischenfälle verlaufen.

In diesem Moment änderte sich alles. Meine Gedanken drehten sich nur noch um diesen unbekannten, gutaussehenden und charmanten Mann.

Da wir uns nicht kannten und auch nicht wagten miteinander zu sprechen, gingen wir auseinander ohne die Hoffnung uns je wiederzusehen. Doch bereits eine Woche später wollte es der Zufall, dass wir uns bei einem Konzert über den Weg liefen. Wir kamen ins Gespräch und meine Aufregung wuchs von Minute zu Minute, obwohl Arno – so hatte er sich mir vorgestellt – seine Freundin dabei hatte und keine Anstalten machte, sich mit mir zu verabreden. Wieder verabschiedeten wir uns ohne dass es Aussicht auf ein Wiedersehen gab. Trotzdem ging mir der Typ nicht mehr aus dem Kopf. Ich dachte jeden Tag an ihn, wirklich an jedem einzelnen Tag.

Woche um Woche verging und tagtäglich dachte ich an diesen Mann, der in meinem Hirn herumspukte und von meinen Gedanken gnadenlos Besitz ergriffen hatte.

Irgendwann geht es weg, dachte ich. Aber es ging nicht mehr weg.

Nach Monaten kam plötzlich aus heiterem Himmel ein Anruf:

„Hier ist Arno. Mein Freund hat gerade unsere Kletterpartie abgesagt, hättest du nicht Lust?"

Er hatte nicht einmal daran gedacht, dass ich mich eventuell nicht an ihn erinnern könnte. Vollkommen selbstbewusst, spontan und überfallmäßig sprach er mich an.

„Ich kann doch gar nicht klettern", brachte ich mühsam hervor.

„Das ist gar kein Problem, das bring' ich dir bei. In einer halben Stunde bin ich bei dir."

Ich war hin und weg. Da kam der Mann meiner Träume auf mich zu und nahm sich die Zeit mir etwas Neues mit Geduld zu vermitteln. Bald entwickelte sich ein regelmäßiges Treffen, mehr aber geschah nicht. Wenige Wochen später ergab sich eine Skifreizeit auf einer Hütte, die Arno organisiert hatte und mein Verlobter und ich nahmen auch daran teil. Wir verbrachten ein seltsames Wochenende: mein Verlobter flirtete mit einer der Teilnehmerinnen und ich spürte gar nichts. Im Gegenteil, das ließ mir Zeit, meinen Schwarm zu beobachten, der nichts anderes zu tun hatte, als ebenfalls mit einem Mädchen zu flirten. Das wiederum machte mich rasend.

Nach ein paar Tagen fuhr ich mit der Gewissheit nach Hause, dass ich meinen Verlobten niemals heiraten könne, da fehlte einfach ein tiefes Gefühl, eine Nähe und Innigkeit, wie ich sie diesem fremden Arno gegenüber verspürte, obwohl ich ihn doch kaum kannte. Meine Hoffnungen waren nicht genährt worden in diesen Tagen, aber trotzdem trennte ich mich von meinem damaligen Bräutigam und war mir sicher, dass ich lieber allein wäre als in einer Ehe zu leben, die nicht im Entferntesten meine romantischen Träume von Liebe tangierte.

Keine fünf Tage hielt ich es aus, bevor ich Arno anrief und ihm von meiner Trennung erzählte. Keine Reaktion. Nichts.

Was hatte ich erwartet? Dass er mir glückselig um den Hals fiel und mir sofort einen Antrag machte? Wahrscheinlich!

Doch Arno war immer für eine Überraschung gut. Eine Woche später überredete er mich ohne Kraftaufwand und gegen nicht erwähnenswerten Widerstand bei Nieselregen mit ihm laufen zu gehen. Irgendwann setzten wir uns einfach ans matschige Ufer eines Baches und er legte zärtlich den Arm um mich und sagte: „Ist dies nicht ein herrlicher Ort für einen Beginn?"

Der Sex war ermüdend. Arno war es gewohnt, sich bedienen zu lassen, wie es ihm gefiel, ohne auf mich einzugehen. Er hatte es nie lernen müssen, da ihm die Frauenherzen nur so zuflogen. Er sah aus wie ein berühmter Filmschauspieler und hatte auch dessen Charme. Ich dachte damals: das wird schon werden.

So begann eine lange und anstrengende Beziehung, die nach achtzehn Jahren Ehe mit der Scheidung enden sollte. Doch bis dahin war es ein langer, leidvoller Weg.

Arno hatte mittlerweile eine Anstellung in der Firma seines Vaters ergattert und holte mich bei unserem ersten offiziellen Date statt mit dem mir bisher bekannten Studentenfahrrad mit einem Porsche ab. Ich staunte nicht schlecht und war natürlich vollkommen beeindruckt von meinem Glück. Da hatte ich nicht nur endlich meinen Traummann bekommen, sondern auch noch einen Unternehmersohn, der aus besten Verhältnissen stammte. Obwohl unsere Eltern über unsere Verbindung nicht glücklich waren, heirateten wir eineinhalb Jahre später. Arno hatte mir ganz plötzlich einen Antrag gemacht und wollte dann auch sehr schnell verheiratet sein. Ich kümmerte mich aufgeregt um alle Vorbereitungen, schon damals war er mir keine Hilfe, sondern überließ mir alle Arbeiten alleine. Unsere Hochzeit war wie ein Tag aus einem Märchen – traumhaft. Trotzdem erlebte ich sie wie eine Außenstehende ohne emotionale Beteiligung. Es war seltsam, ich fühlte nichts. Nichts von all dem zur Schau getragenen Glück. Innerlich war ich wie tot. Ich führte dies auf den Stress der umfangreichen Vorbereitungen zurück und machte mir weiter keine Gedanken darüber.

Tief im Innern hatte ich mir eingebildet, dass sich mit unserer Hochzeit auch unser Sexualleben verbessern müsste, da Arno dann ja für immer nur noch auf mich konzentriert sein würde und sich spätestens jetzt bemühen würde, dass es auch mir gefiele. Die Hochzeitsnacht war wieder sehr enttäuschend. Ich konnte danach nicht einschlafen und während der Honeymoonwoche kam mir erstmals der Verdacht, das könne so bleiben.

Zwei Jahre später wurde unser Sohn geboren und mein Mann war beruflich inzwischen so eingespannt, dass er sehr selten zu Hause war. Er hatte sich mit einer eigenen Firma selbständig gemacht und pendelte an den Wochenenden von Frankfurt nach Hamburg, unter der Woche blieb er meistens im Süden. Ich war nicht sehr glücklich über diese Situation, aber ich nahm sie an im Glauben, dass das eben so ist in erfolgreichen Unternehmerfamilien. Das sei nun mal der Preis, wenn man beruflich vorwärtskommen möchte. Und das wollten wir. Um nicht ganz zwischen Kindergarten und Küche zu versauern, begann ich zu dieser Zeit eine drei Jahre dauernde Fortbildung, die mir ganz neue Perspektiven eröffnete.

Allerdings wollten wir erst noch unseren Wunsch nach einem zweiten Kind erfüllen, denn ich selbst war als Einzelkind nicht begeistert gewesen, immer alleine zu sein. Das sollte meinem kleinen Sohn erspart bleiben. So kam nach vier Jahren unsere Tochter zur Welt, meine Ausbildung war beendet und wir bezogen gemeinsam ein schönes Haus in Frankfurt. Ich war überglücklich. Jetzt ernten wir die Früchte unserer Entbehrungen, war ich überzeugt.

Doch leider stellte sich heraus, dass mein Mann nicht der tüchtige und kluge Geschäftsmann war, für den ich ihn gehalten hatte. Es dauerte nicht lange bis seine Firma Konkurs ging und für uns der soziale Abstieg nicht mehr zu vermeiden war.

Mir blieb nichts anderes übrig als mir eine Arbeitsstelle zu suchen und die Kinder in eine Betreuung zu geben. Nach und nach mussten wir unsere schönen Möbel verkaufen, weil mein Verdienst nicht ausreichte unseren Lebensunterhalt zu sichern. Es begann eine schwere Zeit.

Es vergingen drei harte Jahre, bis Arno wieder bei seinem Vater eine Stelle antreten konnte und wir vor einem erneuten Umzug standen. Ich gab meine Arbeit auf und suchte in einer norddeutschen Kleinstadt ein passendes Haus für uns vier. Als wir alles unter Dach und Fach hatten, erlaubten wir uns einen Camping-Urlaub in Italien, um den neuen Lebensabschnitt gebührend zu beginnen. Jetzt würde alles gut. Ich war überglücklich, endlich wieder in der Heimat zu leben, eine harte Prüfung gemeistert zu haben, ohne dass es uns auseinander gebracht hätte.

Unser Campingurlaub begann einfach traumhaft. Jeden Abend gab es anlässlich des 50jährigen Bestehens ein anderes Highlight. Wir fühlten uns frisch verliebt und turtelten unablässig. Ich war unglaublich glücklich und wähnte unsere Ehe und unsere Familie in neu gewonnener Sicherheit nach einem tiefen Tal.

Es war vielleicht am fünften Abend, als wir zusammen mit unseren Kindern ein gigantisches Feuerwerk über dem Meer erleben durften, ein schöneres habe ich seither nicht mehr gesehen.

Es war schon ziemlich spät, als wir zu Bett gingen und als sich Arno an mich kuschelte, nachdem die Kinder endlich eingeschlafen waren, sagte ich ihm, dass ich heute gerne einmal ohne Sex einschlafen würde, da ich zu müde sei. Er zeigte Verständnis.

Am nächsten Morgen war er vor mir auf und saß mit finsterer Miene vor dem Zelt. Auf meine Frage, was denn los sei, erhielt ich keine Antwort. So verhielt er sich den ganzen Tag. Es war unerträglich. Abends fragte ich ihn wieder und wieder, was denn los sei, bis er schließlich antwortete. Nun hörte ich das Schrecklichste, was ich je von einem Menschen über mich zu hören bekam. Er begann mich auf übelste Weise zu beschimpfen, völlig überzogen und beleidigend. Er konnte gar nicht mehr aufhören. Gott sei Dank habe ich die grausamen Einzelheiten vergessen, bis auf die Aussage, ich sei keine richtige Frau.

All sein aufgestauter Frust entlud sich über mir. Er hatte noch nie etwas an mir auszusetzen gehabt, zumindest hatte er sich nie so geäußert, was ja auch nicht normal sein kann. Tief verletzt fragte ich ihn, warum er gerade jetzt so ausfallend sei, jetzt wo doch alles gut werden würde und wir uns mitten im Glück befänden. Unser Sexualleben hatte sich zwischenzeitlich auch für mich auf ein akzeptables Niveau eingependelt. Ich flehte ihn an, nicht alles zwischen uns kaputt zu machen. Wir hatten so schwere Zeiten gemeistert, gekämpft und gesiegt. Aber er steigerte sich immer mehr hinein, es klang wie das Ende unserer Beziehung. Ich weinte und war vollkommen verzweifelt über das, was ich hören musste. Nach zwei oder drei Stunden hatte ich keine Kraft mehr dies auszuhalten und nahm mir eine Decke und schleppte mich tränenüberströmt mit aufgequollenen Augen zum Strand. Dort lag ich völlig zerschlagen alleine und einsam unter dem Sternenhimmel und verstand die Welt nicht mehr. Innerhalb eines Tages war ich aus dem Himmel in die Hölle abgestürzt und wusste nicht einmal weshalb.

Heute meine ich, dass es seine Panik vor Nähe ist, die ihn in Angst und Schrecken versetzt, wenn zuviel Harmonie entsteht. Eine glückliche Partnerschaft hält er nicht aus, es muss der ständige Kampf ums Glück sein, der ihn fesselt.

Nach einigen Stunden am Strand begann ich fürchterlich zu frieren und schlich mich kraftlos ins Zelt zurück, um auf dem Boden des Vorzeltes den Rest der Nacht zu verbringen. Mir war alles egal, am liebsten wäre ich gestorben.

Am Morgen brachte uns das Aufwachen der Kinder wieder zurück in die Normalität des Urlaubsalltags, der Abend zuvor schien surreal und ich zweifelte an meinem Verstand, ob er denn wirklich stattgefunden hatte. Es war einfach zu unglaublich.

Obwohl ich ernsthaft mit dem Gedanken spielte, mit dem Zug nach Hause zurück zu fahren, entschied ich mich wegen der Kinder zu bleiben und den Urlaub zu Ende zu bringen. Innerhalb weniger Tage kamen wir wieder in diese Liebesenergie, die uns zusammenhielt. Es war wie ein Wunder. Arno hat sich niemals entschuldigt, trotzdem habe ich ihm innerlich verziehen. Ich entschuldigte sein Verhalten damit, dass jeder einmal überreagiert und er in den letzten Jahren auch unerträglichen beruflichen Anspannungen ausgesetzt war. Schließlich hatte das wohl alles mal raus gemusst und so war es doch besser bei mir aufgehoben als anderswo. Am Ende sah ich es gar als Vertrauensbeweis an, dass er davon ausging, ich würde so einen Anfall verkraften.

Zwei Tage vor Ende unseres Urlaubs gab es eine Busfahrt nach Verona zu einer Aida – Aufführung. Arno war tagsüber auf einem Tennisturnier und so meldete ich mich alleine an, damit er abends auf die Kinder aufpassen konnte. Doch er wollte unbedingt mit und obwohl die zusätzlichen Kosten für den Babysitter unsere finanziellen Verhältnisse überstiegen, ließ er sich nicht davon abbringen. Er möchte eben immer alles haben.

In Verona angekommen tingelten wir verliebt durch diese zauberhafte Altstadt und landeten im Hof von Romeo und Julia. Es waren Hunderte von Touristen da und ich fühlte mich sofort sehr unwohl. Bevor wir den Hof wieder verließen, machte ich das obligatorische Foto von der Bronzestatue Julias mit Arnos Hand auf ihrer entblößten Brust. Ich hatte ein seltsam ungutes Gefühl dabei.

Erst viele Jahre später erfuhr ich, dass er zu diesem Zeitpunkt schon seit zwei Jahren mit mindestens zwei verschiedenen Frauen fremdgegangen war; denen also auch seine Hände auf die nackten Brüste gelegt hatte. Natürlich wusste ich zu diesem Zeitpunkt noch nichts davon, aber mein Körper erfasste instinktiv die Realität.

Anschließend besuchten wir eine Kirche, er betete und ich saß gefühllos daneben. Ich erwähnte ihm gegenüber meinen Zustand, doch er äußerte sich nicht weiter. Wir gingen in die Arena, nahmen unsere Plätze ein, es war eine gigantische Kulisse aufgebaut und Tausende von Menschen waren anwesend. Die Plätze waren alle besetzt, das Wetter war traumhaft schön und ich hatte kein Gefühl!

Ich war zu einem Highlight aufgebrochen, das ich mir schon immer gewünscht hatte, einmal eine Oper in Verona sehen zu können, hatte viel Geld dafür ausgegeben, saß da mit meinem geliebten Mann und empfand einfach nichts. Mein Mann deutete den Zustand als meine Eifersucht, weil er die Hand auf Julias Busen gelegt hätte. Er fühlte sich von meinen Empfindungen genervt und setzte sich weg von mir. Danach würdigte er mich keines Blickes mehr. Geschockt saß ich unter Tausenden von Menschen, die mir völlig fremd waren.

Ich verfolgte das Schauspiel und konnte nichts davon fühlen.

Heute weiß ich, dass dies meiner Sensibilität zuzuschreiben ist, derer ich mir damals noch nicht bewusst war. Es wäre ein guter Zeitpunkt für ihn gewesen, mir diese Seitensprünge zu beichten, doch es sollten in den kommenden Jahren erst noch mehr werden, bis ich auch mit meinem Bewusstsein dahinter kam, denn diese Möglichkeit existierte in meinem Denken nicht, ich hätte niemals damit gerechnet.

Er war also in Verona sauer gewesen, weil sich eine Wahrheit zeigte, die er gerne geheim halten wollte und ich begriff nichts davon. In der Pause ging er alleine nach draußen, ohne nach mir zu sehen, ich kam mir unendlich verloren vor, wusste überhaupt nicht, was ich falsch gemacht hatte. Nach der Pause kam er nicht wieder, ich sah den Rest alleine – gefühllos. Am Ende der Vorstellung war er immer noch nicht da und es entpuppte sich als meine Aufgabe, durch diese mir unbekannte Stadt hindurch alleine zum Bus zurück zu finden, ca. 15 Minuten Fußweg durch fremde Gassen, deren Verlauf ich mir nicht gemerkt hatte; ohne die Sprache des Landes zu beherrschen, ohne einen Stadtplan zu besitzen und ausgestattet mit dem miserabelsten Orientierungssinn, den man sich nur vorstellen kann. Er wusste, dass dies eine schier unlösbare Aufgabe für mich bedeutete, immer wieder schaute ich mich um, ob ich ihn irgendwo entdecken würde – vergebens. Nach vielen Irrwegen gelangte ich schließlich doch noch zum Busparkplatz, alle saßen schon im Fahrzeug, der Motor lief und ich war froh, dass man wenigstens auf mich gewartet hatte. Es war nur noch ein einziger Platz frei, der neben ihm. Die dreistündige Rückfahrt war eine einzige Qual, wir berührten uns nicht (was für uns ganz unüblich war), sprachen nicht miteinander und schlafen konnte ich auch nicht, ich stand unter Schock. Das gespannte Verhältnis blieb die restlichen beiden Tage, ich ging ihm aus dem Weg und versuchte mit den Kindern und auch alleine Freude zu leben, wollte mich nicht in ein Häuflein Elend verwandeln lassen. Am letzten Abend ging ich alleine tanzen und da kam mir zum ersten Mal der Gedanke, dass ich mein Glück nicht von ihm abhängig machen durfte, sondern für mich alleine Freude finden musste. Wir entwickelten einen organisatorischen Umgang miteinander und kümmerten uns abwechselnd um die Kinder.

Zu Hause gab es einen Umzug zu bewältigen, alles musste nach Plan funktionieren. Die Zeit war knapp, das Haus rechtzeitig zu beziehen, bevor die Schule wieder begann. Alles klappte, aber innerlich habe ich mich zurückgezogen.

Bis er Monate später langsam wieder begann, sich um mich zu bemühen ... Entschuldigt hat er sich, wie auch für viele andere Schmerzen, die er mir zufügte, bis heute nicht. Vermutlich hat er es sogar soweit verdrängt, dass er sich nicht einmal mehr daran erinnert. Unsere

Beziehung und unser Sexualleben erreichten Schritt für Schritt wieder ein normales Niveau.

Eines Tages wachte ich morgens auf und niemand lag neben mir. Ich stand auf und wartete ab, bis mein Mann in den frühen Morgenstunden nach Hause kam. Als ich eine Erklärung verlangte, gestand er mir, dass er sich verliebt habe. Einfach so. Vollkommen verzweifelt verlangte ich eine Entscheidung von ihm und innerhalb von zwei Stunden verließ er unser gemeinsames Haus. Doch seine neue Liebe währte nicht lange und er kam reumütig zurück, um mir zu beteuern, dass er nur mich und die Kinder liebe. Wieder erlag ich seinem Charme und der Hoffnung auf unser endgültiges Glück. Ostern fuhren wir zusammen mit unseren Kindern in den Winterurlaub und hatten einer herrliche Zeit. Wie zwei Frischverliebte verbrachten wir die Tage und Nächte. Als ich jedoch folgendes erlebte, gab mir das zu denken. Ich stand ganz oben am höchsten Berg und dachte, ich hätte alles Glück der Welt, fuhr mutig hinab und stürzte. Was hatte dieser eigentlich harmlose Sturz zu bedeuten? Sollte er ein Zeichen sein, mir sagen, dass es sich bei der Versöhnung nur um ein vermeintliches Glück handele? Ich verdrängte den Gedanken und wir genossen unseren Urlaub bis zum letzten Tag ohne Zwischenfälle. Alles war gut, nein es war fantastisch. Denn wie ein Wunder hatte sich unsere Sexualität so verändert, dass ich mich wie in einem Rausch nachts in seinen Armen fühlte. Ich erlebte unbeschreibliches Glück und totale Erfüllung, wie ich es mir so lange gewünscht und erträumt hatte. Nähe und Ekstase zugleich, lustvolle Innigkeit, absolute Hingabe. Nie zuvor waren wir uns so nahe gekommen, so innig ineinander verschmolzen, als wären wir ein Körper und eine Seele. Ich hatte mich ganz geöffnet, wie noch nie in meinem Leben. Was ich zu diesem Zeitpunkt allerdings noch nicht wusste, war, dass Arno die Beziehung zu seiner Geliebten gar nicht beendet hatte. Sie sehnte sich zuhause nach dem Ende unseres Urlaubes, von dem sie annahm, dass es für Arno nur eine familiäre Pflichterfüllung sei, wie sie mir später einmal erzählte. Ich konnte diesen Sex damals in vollen Zügen genießen und mich dadurch mit seinem früheren Fremdgehen versöhnen, weil ich den Eindruck gewonnen hatte, dass er bei dieser Geliebten viel gelernt hatte, was mir nun zugute kam. Erst viele Jahre später begann ich langsam zu begreifen, dass er seine Angst, sich einer Frau ganz hin zu geben nur dadurch überwinden kann, dass er gleichzeitig eine zweite hat. Er liebt sozusagen mit dem Messer in der Hand hinter dem Rücken und so setzt die zwangsläufig folgende Verletzung aufgrund der maximalen Öffnung auch ganz tief im Innern an, da wo sonst keiner hin kommt.

Meine Welt war in Ordnung. Als wir wieder zuhause waren, ließ bei meinem Mann allerdings die neue Verliebtheit recht bald nach. Ich stürzte mich daraufhin in neue berufliche Aufgaben, versuchte mich mit ordentlich viel Arbeit von meinen misstrauischen Gedanken abzulenken. Immer wieder glaubte ich schon, ich würde so langsam aber sicher verrückt, denn immer hatte ich ein seltsames Gefühl, was sein Verhalten anging. Es gab jedoch keinen offensichtlichen Grund für mein Misstrauen, es war einfach so ein seltsames Bauchgefühl, das ich auf die negativen Erfahrungen in der Vergangenheit schob. Mittlerweile war es Herbst geworden und ich hatte ein Wellness-Wochenende mit meiner Freundin geplant. Als sie den Termin um einen Tag verschieben musste, sah ich eine Gelegenheit, meinen Mann zu prüfen. Natürlich würde sich herausstellen, dass es sich nur um meine Hirngespinste handelte und ich den besten Mann der Welt hätte. Ich wollte mich einfach nur beruhigen und diese bösen Geister in mir endgültig zur Ruhe bringen. Also sagte ich ihm nichts davon, dass ich erst einen Tag später verreisen wollte. Er verabschiedete sich morgens von mir mit den Worten:

„Ich wünsche dir ein wunderschönes Wochenende. Erhol dich gut, mein Schatz."

Die Kinder waren bei den Großeltern und ich verbrachte den Tag im Thermalbad und den Abend bei einer Freundin. Als ich gegen elf nach Hause kam, saß mein Mann vor dem Fernseher und fragte nur erstaunt:

„Bist du schon zurück? War irgendetwas nicht in Ordnung?"

„Nein, Liebling, es hat sich alles nur um einen Tag verschoben," antwortete ich vollkommen erleichtert. Was hatte ich mir nur dabei gedacht? Es bestand überhaupt kein Grund zur Sorge. Glücklich betrat ich unser Esszimmer und erstarrte: da lag sein Handy eingeschaltet auf dem Tisch. Niemals zuvor hatte er sein Handy zuhause eingeschaltet. Feierabend war Feierabend. Da sollten keine geschäftlichen Anrufe mehr stören können. Wartete er etwa auf einen Anruf?

Es trieb mich schnurstracks auf das Mobiltelefon zu, zitternd schnappte ich es und ging damit zur Toilette. Während er vor seinem Film saß, war ich ziemlich sicher vor Entdeckung. Trotzdem krampfte sich mein Magen zusammen und mit schweißnassen Händen versuchte ich das Telefon zu bedienen. Es war schwierig, denn ich kannte mich nicht aus mit diesem Modell. Endlich fand ich die Anzeige des letzten Anrufes: es handelte sich um eine Daggi. Er hatte eine Festnetznummer angerufen, womit ich auch die Stadt erkennen konnte, wo diese Daggi zuhause sein musste. Ich notierte mir mit zitternden Händen die Rufnummer und legte das Handy heimlich wieder auf den Esszimmertisch zurück.

„Wer ist Daggi?" fragte ich ihn ohne Umschweife, als sein Film zu Ende war.

Kreidebleich murmelte er Unverständliches von einer Frau, mit der er sich ganz harmlos ein paar Mal getroffen hätte. Einzelheiten konnte ich nicht aus ihm herausquetschen. Ich hatte in der Vergangenheit immer wieder mal gefragt, ob eine andere Frau zwischen uns stünde, aber er hatte ja immer verneint.

Als ich die Nummer dieser Frau anrief und meinen Namen nannte, legte sie einfach auf. Ich versuchte es erneut, aber jetzt war der Anrufbeantworter eingeschaltet.

„Wenn Sie den Mut haben, in meine Ehe einzubrechen, sollten Sie auch den Mut haben, mit mir zu sprechen," hinterließ ich auf dem Apparat.

Kurz darauf rief sie mich zurück. Im Laufe des Gespräches erfuhr ich, dass sie seit Monaten die Geliebte meines Mannes war.

Völlig aufgelöst drängte ich ihn zu einer Entscheidung. Arno erbat sich Zeit. Er stand damals kurz vor einer Geschäftsreise und ich schlug ihm vor, während dieser Reise seine Entscheidung zu treffen. Er möge nur dann nach Hause kommen, wenn er sich sicher sei, dass er bei uns bleiben wolle, ohne wenn und aber. Falls er sich nicht für mich entscheiden könne, solle er gar nicht erst wieder heimkommen, sondern einfach gleich wegbleiben.

Zu meiner Überraschung tat er das auch. Er nistete sich in ein Hotel ein und rief mich an:

„Sandra, ich würde mich gerne mit dir unterhalten und dir alles erklären. Ich brauche noch etwas Zeit und möchte das mit dir besprechen. Kannst du zu mir kommen?"

Niemals, dachte ich und antwortete:

„Ich bin in einer halben Stunde da."

Wir verbrachten die Nacht zusammen, erlebten wundervollen Sex und ich war mir sicher, ich hatte meinen Mann zurückerobert. Doch Arno hatte ganz andere Pläne. Mit all seinem nicht zu verleugnendem Charme und meine tiefe Sehnsucht nach ihm ausnutzend, schlug er mir eine Dreierbeziehung vor und machte mir weis, dass Eifersucht und Monogamie sowieso vollkommen rückständig seien. Nun hatte ich natürlich nicht gerade erhebende Gefühle bei dem Gedanken, meinen Mann teilen zu sollen. Aber da ich es ja noch nicht ausprobiert hatte, wollte ich auf jeden Fall auch dieser Variante eine Chance geben, schließlich wollte ich ihn nicht verlieren. Es bestand schließlich eine winzige Möglichkeit, dass ich damit klarkäme. Wir trafen geschäftsmäßige Vereinbarungen, wonach die Wochenenden und der Urlaub der Familie gehören sollten.

Unter der Woche könne er dann seine Geliebte sehen, wann er wolle, jedoch ohne das bisher übliche Versteckspiel. Schon daran scheiterten die ersten Versuche einer liberalen Beziehung nach Vorbild der siebziger Jahre. Denn Arno bevorzugte weiterhin die Heimlichtuerei. Wenn er mir vorher sagen solle, wann er seine Geliebte besuchen würde, wäre das für ihn sehr abtörnend, erklärte er mir. Zusätzlich wollte Daggi meinen Mann auch sonntags sehen, da sie da freie Zeit zur Verfügung hatte. So setzte sie ihn per sms unter Druck: „Entweder du hast sonntags für mich Zeit oder ich habe keine mehr für dich."

Bald kamen Forderungen nach einem gemeinsamen Urlaub mit seiner Freundin. Letztendlich wurden seine Erwartungen derart maßlos, dass ich einfach nicht mehr konnte. Ich war bereits völlig abgemagert, litt wie ein Schwein, war nicht mehr Herr der Lage.

Nach vier endlosen Wochen streckte ich die Waffen und bot ihm an, lieber völlig auf ihn zu verzichten. Das war nun ganz und gar nicht in seinem Sinne, denn ausziehen wollte er natürlich nicht. So schlug er mir vor, bis zu unserem geplanten Urlaub in drei Monaten seine Freundin nicht mehr zu sehen und zu sprechen, um so eine gemeinsame Basis für uns wieder zu finden.

Es war eigentlich immer das gleiche Spiel. Er zog sich zurück, beziehungsweise nahm sich eine andere Frau, ich kämpfte um ihn und liebte ihn wie blind. Vergebens. Kaum hatte ich mich innerlich damit abgefunden und von ihm entfernt, warb er wieder um mich, bis er seine Beute wieder erlegt hatte. Dann begann das kuriose Spiel von vorne.

Während der Weihnachtsfeiertage rief eines Abends Daggi bei uns an, mit den Nerven am Ende, weil er nichts mehr von sich hören ließ. Er hatte sie einfach fallen lassen. Nun verabredete er sich mit ihr zu einem klärenden Gespräch. Vermutlich hat er sie damals gebeten drei Monate auszuhalten und ihr das Versprechen gegeben, dass er sich dann auf jeden Fall für sie entscheiden würde. Vorerst blieb er jedoch wie vereinbart drei Monate lang bei uns und hatte keinen Kontakt mehr zu ihr. Daraufhin flogen wir nach Mexiko.

Der Urlaub in Mexiko sollte ein Traumurlaub werden. Unsere Kinder waren versorgt, wir verlebten herrliche Tage in einer romantischen Hütte am Strand und liebten uns jeden Tag. Trotzdem spürte ich ganz genau, dass mein Mann innerlich nicht bei mir war. Wir machten uns selbst etwas vor. Ich musste nach diesem Urlaub alleine nach Hause fliegen, da Arno geschäftliche Termine in den Staaten wahrzunehmen hatte. Als ich ihn nach seiner Geschäftsreise am Bahnhof abholen wollte, entdeckte ich in seinem Auto einen Zettel mit einem Wohnungsgesuch, das er bereits vor unserem Urlaub aufgegeben hatte. Ein seltsames Gefühl beschlich mich erneut. Wurde ich nur noch belogen und betrogen? Statt ihn freudig zu begrüßen, konfrontierte ich ihn mit dem Wohnungsgesuch. Wie immer hatte er plausible Ausflüchte parat. Kurz darauf zog er aus. Ich fühlte mich so schrecklich verlassen und verloren.

Gleich am ersten Wochenende gab ich ihm die Kinder und ich selbst blieb bei einer Freundin, um nicht alleine zuhause sein zu müssen. Als er mich nachts anrief, um mir mitzuteilen, dass er nun erkannt hätte, dass er mich vermisse und zwar ganz speziell mich und nicht nur die Kinder, stand einer Versöhnung nichts mehr im Wege. Sein Jagdinstinkt war aufs Neue erwacht und er bemühte sich rührend um mich. Ich mutierte zur Geliebten mit Heimvorteil, was nicht die uninteressanteste Variante unserer Ehe war. Doch schon bald wollte Arno wieder einziehen und ich ließ es ohne nennenswerten Widerstand zu. Für eine ganze Weile klappte es ganz gut mit uns und erst im Winter hatte ich wieder diese seltsamen Gefühle und bildete mir ein, etwas Unaufrichtiges zu spüren.

Fünf Tage vor dem 65. Geburtstag meiner Mutter hatten wir Gartenarbeiter hier und Arno fuhr kurz mit dem Fahrrad in den Baumarkt, um noch fehlende Schrauben oder Nägel zu besorgen. In dieser Zeit rief seine Sekretärin an und beschwerte sich, dass sie ihn nicht erreichen könne und es ganz wichtige Anrufe gäbe. Ich versuchte nun meinerseits ihn zu erreichen und stellte fest, dass er sein Handy im Flur hatte liegen lassen. Als ich drüberschaute, wer denn angerufen hatte, fand ich als erstes die Nummer von Daggi. Ich hörte die Mailbox ab und mir wurde übel von dem darauf befindlichen Gesülze. Mir stockte der Atem. Unglaublich. Hatte er mich die ganze Zeit weiter hinters Licht geführt? Offensichtlich.

Ich setzte ihn sofort vor die Tür mitsamt seinen Habseligkeiten, die ich in sein Auto gepackt hatte, noch während er sich im Baumarkt aufhielt. Als er kapierte, dass ich ihn nicht zum Fest meiner Mutter zulassen würde, drohte er mir einen sensationellen Auftritt an, um allen das Fest zu vermiesen. Mir blieb nichts anderes übrig, als gute Miene zum bösen Spiel zu machen. Per sms schrieb er mir:

„Du bist die Königin meines Herzens."

Ich antwortete: „Dann handle auch danach."

Niemandem hab' ich mich damals anvertraut, nicht einmal meiner besten Freundin, die schon lange nicht mehr verstand, warum ich mich nicht schon längst von diesem Mann getrennt hatte. Es war so peinlich. Ich tat, als ob nichts wäre und brachte die Feier wie ferngesteuert hinter mich. Alles war prima. Ich war dem Wahnsinn ganz nahe.

Zum Ende des Tages ergab sich jedoch ein tiefes, offenes Gespräch zwischen mir und Arno, als er die Kinder noch für ein Stündchen heimbegleitet hatte. Gegen drei Uhr morgens bot ich ihm an im Gästezimmer zu übernachten und dachte noch so für mich, das sei doch jetzt ein friedlicher und menschenwürdiger Abschluss unserer Ehe. Als ich morgens aufstand, hatte er das Haus bereits verlassen.

Zwei oder drei Tage später fand ich morgens Vergiss-Mein-Nicht auf dem Terrassentisch.

Einen Tag später war den Blüten ein Brief beigelegt.

„Jetzt ist mir alles klar geworden. Sandra, ich möchte dich noch einmal heiraten. Dort in unserer alten Kapelle, wo wir uns schon einmal das Jawort gaben, sollte der richtige Platz sein, um unsere gebrochene Ehe zu heilen."

Am nächsten Tag fand ich ein Buch vor, das eine Ehekrise beschrieb, die glücklich ausging.

Das waren eindeutige Zeichen, er kam geläutert zurück. Unter der Bedingung einer ganz langsamen Annäherung übers Gästezimmer und einer Verlobung, für die früher keine Zeit gewesen war, starteten wir einen neuen Versuch. Wir trafen unseren ehemaligen Pfarrer, erklärten ihm unseren Wunsch und heirateten nach 16 Ehejahren erneut, nur wir beide. Keine Trauzeugen, keine Hochzeitsgesellschaft, niemand. Wir hatten uns schick angezogen und uns ein sehr schönes Ritual ausgedacht, das wir auch strikt befolgten. Es fühlte sich wunderbar an. Jetzt wurde endlich alles gut.

Wieder neigte sich ein Jahr dem Ende zu und mein Mann fiel in eine Depression, in deren Verlauf ich keinen Zugang mehr zu ihm fand. Er vernachlässigte sich und sein Äußeres, war nur noch körperlich anwesend, interessierte sich nicht mehr für mich.

Irgendwann wurde mir bewusst: Wir drehen uns im Kreis. Er kann es sich einfach nicht gönnen, dauerhaftes Glück zu leben. Ich werde wohl alleine weitergehen müssen.

Ende Januar hatte ich meine Forschungsarbeit beendet und wollte sie mit meinem Mann, der mir immer ein sehr kompetenter Ratgeber war, besprechen. Wir besuchten ein nettes Lokal und seltsam war, dass ich kaum gehen konnte. Steif wie eine sehr alte Frau schleppte ich mich zu unserem Tisch. Was hatte das nun wieder zu bedeuten? Sofort vermutete ich wieder das Schlimmste. Ich sprach Arno auch darauf an, aber er beteuerte mir, dass alles zwischen uns bestens in Ordnung sei. Zuhause hatten wir das letzte Mal Sex zusammen. Vollkommen emotionslos.

Am nächsten Morgen wachte ich bereits um fünf Uhr unruhig auf, konnte nicht mehr einschlafen und stand auf. Was tut man schon so früh auf den Beinen. Ich trank einen Kaffee, räumte ein bisschen auf. Als ich im Flur Arnos Belege stapeln wollte, fiel mir ein handschriftlicher Zettel entgegen. Es sollte so sein. Schon wieder eine Telefonnummer, die ich nicht kannte. Als ich Arno später darauf ansprach, sagte er:

„Ich sehne mich so sehr nach ihr."

Wieder war es eine Nummer von Daggi, von dieser Frau, die mir schon viele schmerzhafte Stunden beschert hatte.

„Geh bitte, und zwar für immer," mehr brachte ich nicht über die Lippen.

Es dauerte noch drei Wochen bis er endgültig auszog und wir verabredeten absolute Kontaktsperre, denn ich traute mir selbst nicht mehr. Diesmal wollte ich mich nicht noch einmal zurück erobern lassen.

Nach drei schmerzlichen Trennungsjahren wurden wir geschieden. Diesmal war unser Auseinandergehen endgültig. Ich befinde mich immer noch im Heilungsprozess und weiß nicht, ob ich mich jemals wieder so tief einem Mann öffnen kann.

Da auch mein beruflich sehr erfolgreicher Schwiegervater inzwischen erkennen musste, dass sein unzuverlässiger Sohn nicht als sein Nachfolger taugt, hat er unseren Sohn, seinen einzigen Enkel, dafür in Betracht gezogen. Deshalb ist ihm eine gute Ausbildung unserer Kinder wichtig und deshalb unterstützt er mich finanziell so, dass die Kinder in einem unbeschwerten Umfeld aufwachsen können. Ihm ist bewusst, dass sein Sohn seinen Unterhaltsverpflichtungen nicht im notwendigen Maße nachkommen kann und will, weshalb er diese Aufgabe selbst übernommen hat. Für mich ist das die unter den gegebenen Umständen beste Lösung, denn ich muss mir beim Vater meines Exmannes über pünktlichen Zahlungseingang keine Sorgen machen. Er ist ein zuverlässiger Geschäftspartner – in jeder Hinsicht.

Beruflich habe ich mich inzwischen einigermaßen etabliert, emotional habe ich die vergangenen Jahre dazu genutzt, langsam eine gute Beziehung zu mir selbst aufzubauen, die mich durch meinen Alltag trägt, auch durch die schweren Stunden, die inzwischen immer seltener und weniger heftig an die Tür klopfen, aber eben immer noch. Ich durfte viele neue Freunde finden, die meinen Ex-Mann nicht kannten, ebenso wenig wie den Leidensweg, der hinter mir liegt. Das belebt meinen Alltag genauso wie meine Aufgabe, andere Menschen durch ähnliche Krisen zu begleiten, weil ich erfahren habe, wie die Hölle sich anfühlt und was man braucht, um da wieder heraus zu kommen.

Sie wollen mehr über Frauenschicksale lesen?

Mein erstes Buch „Geschieden, weil ich es mir wert bin" ist eine gründliche Reportage über Frauenschicksale, wie sie sich tagtäglich in unserer unmittelbaren Umgebung abspielen. Während meiner Arbeit zu diesem Buch haben sich zahlreiche Frauen entschieden, ihr Schweigen zu brechen, ihre Hemmschwellen zu überwinden und begonnen, mir die eine oder andere Begebenheit zu berichten.

Ich habe nachgehakt und fand genügend mutige Frauen, die mir ihre ganz private Geschichte anvertrauten und die in meinem ersten Buch ausführlich zu Wort kommen. Der Erfolg des Buches hat all meine Erwartungen übertroffen.

Viel Vergnügen beim Lesen.

Ein offenes Wort

Ich habe während meiner Recherche zu diesem Buch immer wieder Männer getroffen, die während ihrer Ehe regelrecht misshandelt wurden. Die meisten wurden durch verbale Attacken gefügig gemacht, manche durch rohe Gewalt.

Wenn Sie zu dieser Gruppe gehören, möchte ich Ihnen dringend anraten, sich professionelle Hilfe bei einer Beratungsstelle in einem der caritativen Verbände zu suchen. Dort sind Sie auf jeden Fall anonym und geschützt und brauchen sich nicht zu schämen. Sie sind kein Einzelfall. Vielleicht können Sie sich auch Ihrem Arzt anvertrauen, der Ihnen entsprechende Einrichtungen nennen kann. In den Tageszeitungen werden regelmäßig solche Anlaufstellen veröffentlicht.

Eigentlich müsste ich Ihrer Partnerin den Gang zum Therapeuten oder zu einem Arzt empfehlen, aber leider offenbaren sich solche Frauen mir nicht.

Wenn Sie ein Mann sind, der unter Gewalt und psychischem Terror der Partnerin zu leiden hat, möchte ich Sie dringend bitten, sich umgehend Hilfe zu suchen. Ich weiß, dass Männer eine noch viel größere Hemmschwelle als Frauen haben, das bedeutet jedoch nicht, dass sie niemals Hilfe nötig hätten.

Wie es weitergehen kann

Ich habe Ihnen in diesem Buch die Schicksale von sieben Männern und einer Frau geschildert, die entweder bereits geschieden sind, in Scheidung leben oder zumindest immer wieder darüber nachdenken.

Wenn Sie selbst in einer Partnerschaft ausharren, die eigentlich nicht mehr tragbar ist, vergebliche Versuche zur Verbesserung der Beziehung bereits hinter sich haben und nun ernsthaft an Trennung denken, sollten Sie Hilfe in Anspruch nehmen. Diese kann so aussehen, dass Sie ein oder mehrere Bücher lesen, die sich mit dem speziellen Problem der Trennung befassen. Der Vorteil liegt darin, dass Sie sich langsam an die neue Situation herantasten können. Eine andere Möglichkeit wäre, sich bei einer Beratungsstelle wie der Caritas oder Diakonie einen Termin geben zu lassen, um die eigene Situation einmal klar und deutlich aussprechen zu können. Die Mitarbeiter und Mitarbeiterinnen unterliegen der Schweigepflicht und Sie können vollkommen anonym bleiben, wenn Sie das wünschen. In solchen Einrichtungen finden Sie verständnisvolle Menschen, die Ihnen seelischen Beistand gewähren und aber auch praktische Tipps parat haben, wo Sie weitere Hilfen finden können. Sie finden die Telefonnummern der Beratungsstellen regelmäßig in den Tageszeitungen oder im Internet.

Eine Scheidung oder Trennung ist ein langwieriger Prozess, der in der Regel von vielen schmerzlichen Erlebnissen begleitet wird. Wir fühlen uns schlecht, minderwertig, oft als Versager, zweifeln an unserer Entscheidung oder haben das Gefühl, es sei nie zu Ende. Deshalb ist es auch sehr hilfreich, wenn man sich in dieser Phase des Lebens mit anderen zusammentut, die ähnliches bereits durchgemacht haben oder auch gerade durchmachen. Selbsthilfegruppen gibt es in allen größeren Städten.

Ein stabiler Freundeskreis ist eine unbezahlbare Stütze in diesen schweren Zeiten. Nehmen Sie ihn in Anspruch.

Gewalt kann sich in unterschiedlichen Formen zeigen

„Verbale Gewalt fängt bei abwertenden Worten des Chefs wie z.B. "das haben sie ja stümperhaft gemacht" an, kann sich in Beschimpfungen wie Niete, Trottel, Versager, Idiot" seitens der Ehefrau fortsetzen.

Nicht selten endet die anfängliche psychische Gewalt in massiver physischer (körperlicher) Gewalt. Massive Attacken und Übergriffe männlicher oder weiblicher Täter/innen gefährden und zerstören die seelische und körperliche Integrität des betroffenen Mannes.

Besonders gefährdet sind Männer, die schon als Jungen in starken Maße Opfererfahrungen machen mussten. Diese Männer haben frühzeitig in ihrer Sozialisation gelernt Opfer zu sein. Oftmals haben sie zu sich selbst einen schlechten Kontakt, spüren sich kaum, weder die Wut, die Angst noch die Trauer.

Diese Männer müssen, wenn sie die Opferrolle verlassen wollen, lernen, Kontakt zu sich selbst und zur Umwelt aufzunehmen. Dabei geht es auch darum die eigenen Grenzen zu erspüren und damit Grenzverletzungen durch andere als solche auch wahrzunehmen und dann Handlungsmuster zu erlernen, die eigenen Grenzen zu schützen.

Besonders bei Männern, die in der Kindheit massive Traumatisierungen erlitten haben (Misshandlungen, Missbrauch, Vernachlässigungen) ist es oftmals nötig, im geschützten und unterstützenden Rahmen einer Therapie die nötigen Lernschritte zu gehen."

Quelle Copyright Grey Worldwide GmbH Peter Thiel, systemischer Berater und Therapeut

Dank

Bedanken möchte ich mich bei allen Leserinnen und Lesern meines ersten Buches. Durch den großen Erfolg wurde ich ermutigt, auch dieses Buch in Angriff zu nehmen und zu Ende zu führen.

Allen Menschen, die mir durch Rat und Tat weiterhalfen, meinen Erstling zum Erfolg zu führen, danke ich von Herzen. Hier sei auch besonders eine sehr wohlwollende Presse vermerkt, ohne die ein Buchprojekt niemals so bekannt werden kann.

Selbstverständlich bin ich Sandra und allen Männern dankbar, die zu diesem Buch mit ihrer Geschichte beigetragen haben. Ihnen verdanke ich viele gute Gespräche und ich bin stolz, dass sie mir so ein großes Vertrauen entgegenbrachten.

Nicht zuletzt gilt mein Dank meinen lieben Freundinnen und Freunden, die so sehr an mich und meine Ideen glauben und mir damit eine wunderbare Stütze sind.

Wünsche für meine Leser

Ein bisschen mehr Friede und weniger Streit.
Ein bisschen mehr Güte und weniger Neid.
Ein bisschen mehr Liebe und weniger Hass.
Ein bisschen mehr Wahrheit, das wäre was.

Statt soviel Unrast ein bisschen mehr Ruh.
Statt immer nur ICH ein bisschen mehr DU.
Statt Angst und Hemmung ein bisschen mehr
Mut.
Und Kraft zum Handeln, das wäre gut.

(Peter Rosegger 1843-1918)

Literaturnachweis

Es ist unmöglich hier alle Bücher aufzuführen, die mein Denken und Empfinden beeinflusst haben. Ich werde mich deshalb auf diejenigen beschränken, die ich Ihnen als Lektüre während einer Krise oder bei entsprechendem Interesse zum Thema empfehlen würde.

Wilfried Wieck: Männer lassen lieben, Fischer Tb, 1990

Prof.Dr.Alfred Wolf: Krise Trennung Scheidung, ARD Ratgeber Recht, DTV Beck, 2001

Daniel Goleman: Emotionale Intelligenz, DTV 1997

Louise L. Hay: Wahre Kraft kommt von Innen, Heyne 1998

Herbert Fensterheim: Sag nicht ja, wenn du nein sagen willst Mosaik bei Goldmann, 2006

Dale Carnegie: Sorge dich nicht, lebe, Fischer Tb, 2003

Dr. Joseph Murphy: Die Macht Ihres Unterbewusstseins, Droemer/Knaur 2008

Erich Fromm: Die Kunst des Liebens, Ullstein TB 2005

Erich Fromm: Authentisch leben, Herder 2007

Anhang: Hilfreiche Institutionen

Sie finden die Adressen im Telefonbuch Ihrer Stadt oder im Internet.

Caritas

Diakonie

Pro Familia

AA (Anonyme Alkoholiker)

Al Anon (Angehörige und Freunde von Alkoholikern)

Frauenhäuser und Männerbüros in allen größeren Städten

Im Internet:
http://www.adam-online-magazin.de

http://www.mann-als-opfer.de

Info

Mein erstes Buch zum Thema heißt:
„Geschieden, weil ich es mir wert bin.
Frauen berichten"

Termine für Vorträge, Lesungen und Seminare erfahren Sie auf meiner Homepage zum Buch:

www.eisenmenger.oyla13.de

Mutmacher

Wie ein Theaterstück ist das Leben, nicht wie lange, sondern wie gut es gespielt wurde, darauf kommt es an. (Seneca)

Es ist vernünftiger eine Kerze anzuzünden, als über die Dunkelheit zu klagen. (Konfuzius)

Was man zum Leben braucht? Das Gespür, zur rechten Zeit etwas Gutes für sich zu tun und die Gelassenheit, sich davon nicht abhalten zu lassen.

Wohin das Meer uns treibt, hängt nicht davon ab, woher der Wind weht, sondern wie wir die Segel setzen.

Es ist ein Gesetz im Leben: Wenn sich eine Tür schließt, öffnet sich dafür eine andere. (Andre Gidé)

Neid muss man sich erarbeiten, Mitleid bekommt man geschenkt.

Man könnte sich eine Menge Ärger ersparen, wenn man seinen zweiten Partner zuerst heiraten würde.